LA PREMIÈRE MARQUISE DE GANGES

SA VIE, SES MALHEURS, SA FIN TRAGIQUE

ÉTUDE HISTORIQUE

D'APRÈS DE NOUVELLES RECHERCHES ET DES DOCUMENTS INÉDITS

PAR

A.-E. MAZEL (de Ganges)

Per crucem ad lucem

PARIS
PAUL MONNERAT, LIBRAIRE-ÉDITEUR
48, RUE DE LILLE, 48

1885

LA PREMIÈRE

MARQUISE DE GANGES

LA PREMIÈRE
MARQUISE DE GANGES

SA VIE, SES MALHEURS, SA FIN TRAGIQUE

ÉTUDE HISTORIQUE

D'APRÈS DE NOUVELLES RECHERCHES ET DES DOCUMENTS INÉDITS

PAR

A.-E. MAZEL (de Ganges)

Per crucem ad lucem

PARIS
PAUL MONNERAT, LIBRAIRE-ÉDITEUR
48, RUE DE LILLE, 48

1885

PRÉFACE

Le drame de Ganges ne peut être effacé. Serait-il plus affreux encore, il doit être conservé dans nos souvenirs, car il fait partie de l'histoire, et c'est une entreprise aussi coupable que vaine d'étouffer celle-ci. Que nul ne l'altère non plus. Aucune passion, aucun intérêt ne donnent ce droit.

Au lieu de jeter un voile complaisant là-dessus, par suite de certaines préoccupations, reconnaissons franchement les droits de la vérité, qui ne peuvent périmer, rendons-lui sincèrement hommage. Nous devons la servir et nous en servir pour des buts toujours nobles, non pour exciter de mauvaises passions. Celles-ci au souffle du christianisme doivent se calmer et disparaître pour ne laisser place qu'à l'amour du bien et du vrai.

Pour nous, nous avons fait une étude patiente, impartiale. Nous avons cherché à retracer les faits avec la plus grande simplicité, reproduisant souvent le texte même de nos vieux auteurs, tout en faisant

1

nos efforts pour écarter toute erreur. Nous n'avons pas ménagé notre peine pour arriver à faire la lumière. Nous avons été assez heureux pour la voir surgir toute nouvelle sur quelques points, et pour la rendre plus vive sur d'autres. Etant de Ganges, habitant l'ancienne baronnie de Soubeyras, nous avons recueilli bien des souvenirs dont plusieurs se seraient sans doute bientôt effacés et perdus. Notamment nous avons découvert ce qu'était devenu le chevalier pour qui la mort à la guerre aurait été trop glorieuse. Il s'est tenu dans ces gorges sauvages qu'arrose la Vis, se cachant dans le château ou les creux des rochers voisins, faisant une expiation trop douce de ses crimes, par une vie qui le rapprochait des bêtes de la forêt. La tradition que nous avons recueillie est précise, et nous la tenons pour sûre.

Nous avons attentivement et minutieusement étudié les documents précédemment connus, notamment ceux fournis par d'Urban, et nous les avons mis à profit plus que nos devanciers. Nous n'avons négligé aucun renseignement ; et, armé d'une ferme et saine logique, nous avons tiré parti de bien des indices auxquels on n'avait pas pris assez garde. A ce titre notre travail se recommanderait déjà. Mais, ce qui est bien plus important encore, nous avons été assez heureux pour mettre la main sur un assez bon nombre de documents nouveaux, la plupart inédits, qui jettent un jour éclatant sur les évènements que nous avons à raconter, et sur les caractères que nous avons à produire. Il y a désormais, grâce à ces précieuses informations, des questions définitivement résolues. Ainsi nous savons ce que nous avons à penser du marquis de Ganges, de ses dispositions et de sa valeur morale. Ses panégyristes auront la bouche fermée ; ils n'oseront plus prendre la défense de ce triste et odieux personnage, aussi cruel et déloyal contre les protestants que contre sa femme. Par là, du reste, nous sortons du cadre étroit d'une histoire partielle et locale, et nous avons vue un moment sur l'histoire générale.

Nous nous sommes imposé la loi de la plus rigoureuse exactitude. Nous nous sommes interdit d'inventer quoi que ce soit, d'accueillir une invention quelconque des romanciers. Du reste la réalité n'est-elle pas ici plus étonnante et plus captivante que toutes les fictions ? N'est-ce pas faire preuve de mauvais goût de l'altérer par de prétendus embellissements ? Nous n'avons rien ajouté qui ne ressortît de nos témoignages, rien qui n'y fût impliqué vraiment. Rien à l'imagination aux dépens de la vérité ; pas un mot que nous ne puissions justifier par quelque texte, qui ne s'y rattache d'une manière naturelle, quoique nous ayons cherché à faire revivre dans toute leur horreur ou leur grandeur ces personnages et ces scènes émouvantes. Nous avons poussé le scrupule bien loin. Ainsi nous aurions répugné à laisser subsister dans une première rédaction, faite avec des matériaux restreints, certains petits traits que nous avions sobrement ajoutés, et qui nous paraissaient être nécessairement dans la réalité. Mais de nouvelles études et de nouveaux textes qui sont venus les confirmer heureusement, nous ont donné le droit de les conserver.

Gardons-nous d'effacer l'histoire, disons-nous ; gardons-nous aussi de la fausser et de la faire mentir. Bien plutôt instruisons-nous par elle et recueillons précieusement les leçons qu'elle nous donne. Des faits que nous avons à raconter il en ressort deux en particulier. D'abord ceux qui ont le pouvoir en main, quels que soient leurs titres ou leurs positions, ne l'ont nullement pour satisfaire leurs passions ; mais ils sont responsables des moyens qu'ils ont reçus pour les employer à la réalisation du bien. Ceux qui par suite de leur naissance, des évènements politiques, de circonstances quelconques, ont une part de souveraineté ou de puissance, doivent trembler d'en faire mauvais usage. S'ils croient pouvoir se mettre au-dessus de la morale, ils ne parviennent qu'à attirer sur eux d'effroyables malheurs, et à laisser une mémoire déshonorée. Ces hautes positions soumettent plus solennellement à la loi morale qui n'est pas moins inflexible pour eux, malgré leurs illustrations et leurs égarements. Violée, elle semble s'évanouir, mais c'est pour reparaître vengeresse et terrible, alors qu'on croyait s'être débarrassé d'elle pour toujours.

En second lieu, les hommes ont beau prendre la religion pour manteau de leurs vices, et la souiller de leurs turpitudes : quoiqu'ils la corrompent de mille façons et lui imposent leurs dépravations, elle n'en reste pas moins en elle-même parfaitement pure et infiniment bienfaisante. C'est la divine consolatrice des hommes chez qui le cœur n'est pas à jamais éteint, la conscience à jamais oblitérée. Elle est le refuge assuré des malheureux, la source de toute vraie force, de toute espérance. Nous aimons à contempler ses saints et salutaires effets dans cette victime dont nous allons raconter la vie et la mort cruelle. Les souffrances ne lui ont pas manqué ; mais ces épreuves l'ont purifiée et ennoblie. Avant de quitter ce monde elle s'est attachée avec une ardeur nouvelle à Celui qui, suprême victime de toutes les injustices et de toutes les méchancetés, sait réellement, efficacement sympathiser avec les malheureux ; à ce

Seigneur Jésus-Christ, seul capable de consoler les affligés, et de leur donner la force de supporter et de surmonter toute épreuve. Il est bien douloureux de voir s'éteindre, ainsi cruellement flétrie, une existence aussi brillante, mais aussi il est bon de voir cette âme si affreusement meurtrie, chercher un refuge dans la foi chrétienne, se pénétrer de ce qu'elle a de plus intime, de plus profond, avec un naturel parfait, une exquise humilité, faire preuve des sentiments les plus tendres et en même temps les plus sublimes. Il est bon encore pour la conscience d'apprendre, par un témoignage qui nous paraît digne de foi, que cet Abbé de Ganges, chargé de crimes, a été poursuivi par d'horribles remords, et qu'il a traîné une existence fatalement misérable. Et n'est-ce pas un magnifique triomphe pour la religion de ne l'avoir pas pourtant laissé aller à un désespoir absolu ? Grâce à elle, ses affreuses ténèbres ont été illuminées d'une lueur de foi et d'espérance. Il a reçu assez de force morale pour supporter d'aussi épouvantables souvenirs, expier un tel passé, et aussi pour montrer par une conduite morale, irréprochable, la sincérité et la profondeur de sa conversion.

Nous avons eu l'occasion de condamner les persécutions exercées par Louis XIV. Nous les condamnons toutes. Sans doute une église a le droit de se défendre en respectant les lois du pays; mais elle ne doit pas chercher à le maîtriser. D'un autre côté l'Etat ne doit pas nourrir la coupable pensée d'asservir les églises. Chacun doit rester dans sa sphère. Nous sommes donc par toutes les forces de notre âme pour la liberté de conscience et de culte, principe essentiel pour la grandeur et la prospérité des peuples. Nous ne serons jamais avec les oppresseurs, quels que soient leurs noms, leurs titres, leurs prétextes, leurs prétentions. A l'inverse de certaines gens qui, sans souci du bien, sont toujours avec les plus forts, nous pourrons être victime des tyrannies religieuses ou irréligieuses, jamais leur soutien.

A. MAZEL, pasteur.

LA

PREMIÈRE MARQUISE
DE GANGES

1. Jeunesse et premier mariage.

Celle qui, sous le nom de marquise de Ganges, devait être si célèbre par sa beauté et ses malheurs, naquit à Avignon en 1635. Elle s'appelait Diane [1]. Elle était fille unique de Gabriel de Joannis, seigneur de Roussans et de Châteaublanc [2]. Sa mère était Laure de Rousset de Saint-Sauveur [3]. Dans sa jeunesse on l'appelait mademoiselle de Châteaublanc, du nom d'une terre appartenant à son aïeul paternel, Melchior Jacques de Joannis, conseiller d'Etat, habituellement nommé M. de Nochères. Cette terre était située auprès de la Durance, à peu de distance d'Avignon. Son père étant mort lorsqu'elle était en bas âge, ce grand-père prit soin de son entretien et de son éducation. Il conçut pour elle une véritable tendresse paternelle, et résolut de lui donner pour dot sa fortune qui s'élevait à trois ou quatre cent mille livres (ou plus encore, d'après certains auteurs), somme fort considérable en ces temps-là, et qui équivaudrait aujourd'hui peut-être à deux millions.

Riche, belle, aimable, distinguée, ayant de si grands avantages et de si rares dons, elle ne pouvait manquer d'attirer de bonne heure l'attention des partis de qualité. En effet, n'étant qu'une enfant, à l'âge de douze ans [4], elle fut mariée au marquis de Castellane, petit-fils du duc de Villars-Brancas, le 1er mai 1647 [5]. Aux avantages de sa haute naissance il joignait une belle taille, et, à ce qu'on rapporte, un heureux naturel. A une époque où l'éducation de la noblesse n'était guère dirigée que vers l'état militaire, on faisait l'éloge de ce gentilhomme en disant qu'il était habile à toute sorte d'exercices. Il avait été élevé à la cour, auprès de la marquise d'Ampus, sa mère.

Les traits de la jeune marquise ne tardèrent pas à se développer et sa taille se forma très promptement. Elle devint la plus belle personne de son temps.

II. Portrait.

Tous les auteurs nous parlent avec la plus vive admiration de sa beauté. Recueillons fidèlement et exactement ce qu'ils nous en disent, en relevant cette observation de l'un d'eux, que la beauté de la créature humaine glorifie le créateur et constitue une preuve des plus frappantes de sa grandeur,

Elle avait tant de majesté unie à tant de grâce, tempérée par tant de douceur, qu'elle faisait sur tous ceux qui l'approchaient une impression profonde et ineffaçable, d'autant plus qu'elle était toute naturelle, exempte de toute affectation. Facilement on aurait cru qu'elle était d'une nature supérieure. Sa peau était étrangement diaphane[6] et d'une blancheur éblouissante. On aurait dit le marbre le plus pur, taillé par une main divinement habile, et miraculeusement doué de chaleur et de vie. Cette magnifique blancheur, unie au rouge du sang, produisait les plus beaux effets. Il en résultait un coloris qui, sans être vif, animait doucement les traits. Des cheveux extrêmement noirs, naturellement bouclés, encadraient un front noble et régulier, et, relevant la fraîcheur de son teint, en faisaient ressortir les riches nuances. Les yeux grands et bien fendus, étaient, ainsi que les cheveux, noirs comme le jais. Ils avaient un doux et puissant éclat qu'on ne pouvait guère supporter longtemps ; le feu dont ils brillaient faisait baisser les yeux qui s'arrêtaient sur elle. Dès l'abord son regard semblait vous pénétrer de lumière.

On admirait encore la petitesse, l'incarnat du tour de bouche, qui était une perfection, la beauté des dents, la régularité du nez singulièrement bien fait. Le visage, dont le tour était d'une élégante rondeur, présentait un ensemble accompli. Il était d'une exquise délicatesse ; et pourtant, quoique tendrement animé, il ne trahissait pas la débilité. Tout y respirait, au contraire, l'aise et la santé. Celle-ci était encore manifestée par un juste et aimable enbonpoint. L'air de tête était si bien empreint de grandeur qu'il imposait, et en même temps si gracieux qu'il charmait. La taille était riche et belle. Les bras et les mains, ce dont on pouvait juger, tout était assorti à un tel visage. Sa parole était mâle, sa démarche noble, sa conversation aisée.

La douceur de son caractère répondait à la beauté de la figure et de la taille. On sentait en elle un grand fonds de bonté. Elle n'était point orgueilleuse de si rares avantages. Elle était disposée à l'enjouement et se trouvait volontiers en compagnie. Elle goûtait les distractions et prenait part aux amusements animés, mais sans arrière-pensée de mal. Sa gaieté était franche, mais sans corruption et sans malice. Elle ne prenait point plaisir à froisser, à humilier ; au contraire, elle savait compatir au malheur d'autrui : Elle avait, nous dit-on, l'esprit plus solide que brillant,plus sensé que vif. C'est vrai. Pourtant il serait juste d'ajouter que c'était par choix et sous l'inspiration de son bon cœur, au moins autant que par tournure d'esprit et par caractère. Elle avait certes assez de pénétration, l'intelligence assez prompte, vive et ferme pour voir les travers d'autrui et s'en moquer. Mais il lui répugnait de briller ainsi. Elle préférait de beaucoup avoir cette bienveillance, cette humeur paisible et aimable, quoiqu'elle ne soit pas toujours appréciée dans le monde. Elle ne cherchait pas à paraître avoir ce qu'on appelle de l'esprit, et qui n'est trop souvent qu'une facilité de bavardage, jointe à beaucoup de frivolité, de suffisance, de méchant égoïsme. Nature expansive et généreuse, elle avait besoin de rapports affectueux, de confiance, de sympathie. Elle avait de l'abandon, tout en ayant un éloignement croissant pour le vice et la corruption. Comme dit un de nos auteurs, jamais diamant ne fut enchassé dans un plus beau chaton ; jamais esprit plus digne d'amour n'anima un plus beau corps.

Il n'est pas étonnant qu'on ait cherché à reproduire et à fixer par la peinture les traits d'une si belle personne. Le fameux peintre Pierre Mignard, dit le Romain, fit son portrait [7], et celui-ci fut mis au nombre de ses chefs-d'œuvre.

III. A LA COUR.

Mais déjà elle avait paru à la cour. Son mari, prenant conseil de la vanité, bien plus que de la prudence et du vrai honneur, n'avait pas manqué de l'y produire. Elle y fut extrêmement admirée. Louis XIV qui était à la fleur de son âge, (il avait trois ans de moins qu'elle), apprécia fort sa beauté et lui donna de grands éloges. Il voulut danser avec elle dans un de ses ballets où la galanterie s'unissait à la magnificence. Elle portait une parure si bien assortie à sa beauté que tout le monde en fut ravi. On ne l'appelait plus, avec le roi, que *la belle Provençale*. Il voulut encore figurer avec elle dans un autre ballet où elle parut avec de nouvelles grâces. Partout elle recueillait les hommages les plus flatteurs.

La Marquise ne se laissa pas trop enivrer par ses magnifiques succès. Avec sa ferme et droite raison elle jugea sainement cette vie agitée et frivole pour laquelle il fallait dépenser tant de forces. Elle sentit combien tout ce mouvement était stérile et funeste, combien était vide ce monde où l'extérieur, l'apparat, le faste avaient une importance capitale, ou même rendaient le vrai sérieux impossible. Son cœur était loin d'être satisfait. Elle osa s'en ouvrir à une amie, et ne lui cacha pas que pour elle tout cela était *vanité des vanités* (suivant l'expression de Salomon, dans la Bible, *Ecclésiaste*, 1, 2).

Cependant elle courait de grands dangers, il est facile de le comprendre ; et les flatteries dont elle était comblée ne les conjuraient certes pas. Sans doute elle savait se préserver de l'orgueil, et elle ne se laissa pas étourdir par ce concert d'éloges. Mais elle était dans un tourbillon qui menaçait les âmes les plus sages et faisait succomber les volontés les plus fermes. Elle vivait dans un monde où tout était sacrifié au plaisir et à l'amour des honneurs. Tous les cœurs étaient suspendus à la volonté d'un maître tout-puissant à qui on tremblait de déplaire. Celui-ci ne mettait aucun frein à ses désirs. De plus en plus accoutumé à se considérer comme un demi-dieu, il ne connaissait d'autre loi que ses caprices. Avec une grande impudence et une fatale sérénité, il se mettait au-dessus des lois morales, sauf à faire ensuite expier ses débauches aux protestants [8]. Il prétendit en effet plus tard effacer ses turpitudes par des crimes d'un autre genre, par de cruelles persécutions contre des innocents. Eut-il plus de scrupules avec la Marquise qu'avec tant d'autres? Hélas! on s'efforce en vain de le croire, et l'impitoyable tradition confirme les timides données ou les significatives réticences de nos narrateurs [9]. Naturellement il se débarrassa du mari [10] en lui donnant un commandement dans la marine. Par une redoutable faveur, il l'envoya ainsi hors de France, loin de cette cour où brillait sa femme.

Dans une pareille société où régnait l'immoralité élégante, la médisance se donnait pleine carrière, et la calomnie trouvait plus d'encouragements que d'obstacles. On était humble et poli devant ceux qui étaient en faveur ; mais derrière on se plaisait à les déchirer. La Marquise avait trop attiré les regards pour ne pas exciter l'envie. La malice ne manqua pas de s'exercer sur elle, et on sut la mêler à la chronique scandaleuse. « On lui a, dit F. d'Urban, attribué quelques aventures galantes : mais on n'a fourni aucune preuve; on n'en a même rapporté aucuns détails capables de fonder un soupçon raisonnable. »

IV. Veuvage.

Le marquis de Castellane paya chèrement son imprudence de jeter sa jeune et belle épouse, enfant sans expérience, dans ce monde frivole et corrompu où le prince donnait les plus mauvais exemples. Il devait mourir misérablement loin d'elle. Les galères françaises furent détruites par une tempête dans les mers de Sicile, et il périt avec les cinq qu'il commandait [11]. « Tous ses biens passèrent à sa sœur Françoise de Castellane qui n'était pas mariée alors et qui dans la suite les porta dans une autre famille. » (F. d'Urban).

Ceux qui prenaient plaisir à dénigrer la Marquise pour se venger de n'avoir pas réussi auprès d'elle, et disaient que ce n'était qu'une belle idole et n'avait point d'esprit, cherchèrent à lui nuire en prétendant qu'elle avait dit, en apprenant ce malheur où son mari était enveloppé. « Il ne sera pas noyé ; les jeunes gens reviennent de loin. » Quand ce propos aurait été tenu, il n'aurait pas la portée que les malins voulaient lui donner. Il était un peu déplacé sans doute, mais il ne provenait pas de l'indifférence ou de la dureté à l'égard de celui dont elle portait le nom. Il s'explique par la confiance qu'il ne serait pas mort, et nous aimons mieux croire ce que disent les vieux récits, que sa douleur fut très vive. Elle se trouva ainsi toute jeune, veuve et sans enfants. Elle resta quelque temps à la cour, où son deuil semblait donner du lustre encore à sa beauté. Elle demeurait chez madame d'Ampus, sa belle-mère, qui, au bout de quelque temps, trouva bon qu'elle revînt à Avignon pour y régler ses affaires et se consoler auprès de son grand-père.

Rentrée dans son pays, elle ne voulut point paraître dans le monde où elle aurait été trop remarquée et recherchée. Elle se retira avec ses filles de service dans un couvent, ne se laissant voir qu'à ses amis, et à ceux avec qui elle avait affaire.

« Cette retraite ne put qu'ajouter à sa beauté, dit F. d'Urban, et ce fut ce moment que prit Nicolas Mignard, à Avignon, pour exprimer, avec le secours de son fidèle pinceau, le visage le plus accompli, le plus doux et le plus majestueux qu'il y ait eu dans ce siècle. L'âge qu'avait madame de Castellane lorsqu'il la peignit, était celui de la perfection de sa beauté. » Malgré sa vie retirée, on a voulu prétendre qu'elle s'était compromise avec le duc de Candale, et qu'elle avait même été cause de sa mort. Mais c'est une calomnie que plusieurs auteurs ont réfutée. Le duc revenant d'Italie ne s'arrêta presque pas à Avignon, et ne vit que deux fois la Marquise. Du reste il était atteint du mal qui devait l'emporter bientôt, et il n'était pas du tout en état de se livrer à de nouvelles intrigues. Il suffit de lire le passage suivant de Bussy pour s'en convaincre. Il raconte que ce personnage, étant en Italie et recevant les plus tristes nouvelles sur la conduite de madame d'Olonne, avec qui il avait depuis longtemps de coupables relations, lui écrivit une lettre renfermant cette phrase : « *Vous ne pouvez rien ajouter à votre infamie.* » Il allait repartir pour aller à la cour, en quittant le prince de Conti et le duc de Modène qui avaient, le 18 août 1657, assiégé Alexandrie de la Paille ; mais qui au bout d'un mois,avaient dû lever le siège. « Il venait de perdre un combat, dit Bussy, et cela n'avait pas peu contribué à l'aigreur de sa lettre. Il ne pouvait souffrir d'être battu partout, et ce lui aurait été quelque consolation dans le malheur de la guerre s'il eût été plus heureux en amour. Il commença son voyage avec un chagrin épouvantable. En d'autres temps, il serait venu en poste ; mais comme s'il eût eu quelque pressentiment de sa mauvaise fortune, il venait fort lentement. Il commença dans le chemin de sentir quelque incommodité ; à Vienne il se trouva fort mal ; mais, comme il n'était qu'à une journée de Lyon, il y voulut aller, sachant bien qu'il y serait mieux traité. Cependant les fatigues de la campagne l'ayant fort abattu, les déplaisirs l'achevèrent, et sa jeunesse avec les assistances des médecins ne purent lui sauver la vie ; mais comme les plus grands maux ne lui purent faire perdre le souvenir de l'infidélité d'Ardélise (madame d'Olonne), il lui écrivit cette lettre la veille de sa mort. » Suit une lettre pleine des plus amers et des plus méprisants reproches, mais où rien, de près ou de loin, ne fait penser à notre marquise [12]. Cette page suffit pour faire reléguer au rang de méchantes fables le bruit dont nous avons dû parler.

Christine, reine de Suède, dès qu'elle vit la Marquise, éprouva pour elle la plus vive admiration, une sorte d'entraînement passionné. Elle déclara que dans tous les royaumes qu'elle avait parcourus, elle n'avait rien vu d'égal à sa beauté, et que si le ciel l'avait fait naître d'un sexe différent du sien, elle lui vouerait tout son amour et toute sa tendresse. Ce ne fut pas à la cour qu'elle la rencontra, comme plusieurs ont cru, mais à Avignon. Elle y passa au mois d'août 1656, en revenant de Rome par Marseille et Aix, mais n'y séjourna point. Elle voyageait rapidement vers Paris, et il n'est pas probable qu'elle la vît alors. Ensuite elle alla de nouveau à Rome et revint à Paris, mais par la route de Turin. Elle partit une seconde fois de Paris, le 2 mars 1658, pour aller à Rome. Elle passa par Fontainebleau et par Avignon, pour aller s'embarquer à Toulon. Elle put faire un séjour assez long dans Avignon, puisqu'elle n'arriva à Rome que le 4 mai, conséquemment plus de deux mois après son départ de Paris. C'est dans ce voyage qu'elle put manifester son admiration et sa tendresse pour *la Belle Provençale*. Elle exprima ses sentiments, non-seulement de vive voix, mais aussi par écrit [18].

V. Second mariage. La vie a Ganges. La belle-mère.

La Marquise ne pouvait rester indéfiniment dans la retraite. L'ardeur de ses anciens prétendants s'était réveillée, plus forte que jamais. Tout ce qu'il y avait de plus distingué rivalisait pour lui plaire. Enfin, après avoir donné un temps convenable à son deuil, elle agréa M. le baron de Ganges, qui était en même temps baron de Languedoc et gouverneur de la forteresse de Saint-André-les-Avignon [14], âgé pour lors de vingt-et-un ans, étant né en 1637, tandis qu'elle en avait vingt-trois. Il avait pour lui la jeunesse, et de plus une belle fortune, ainsi que les avantages physiques les plus remarquables. En effet, nous est-il dit, il était en homme ce qu'elle était en femme, pour la figure et la grâce [15]. On comprend qu'ils se soient plu réciproquement dès le début, et qu'ils aient conçu l'un pour l'autre une très forte et très vive inclination. Ils réunissaient tout ce qui, d'après l'opinion commune, peut donner le bonheur sur la terre. Ils avaient en partage les dons les plus magnifiques, et le ciel semblait les avoir faits l'un pour l'autre.

Le contrat fut signé le 8 août 1658 et le mariage célébré. Ils se rendirent bientôt à Ganges où ils firent leur entrée le 15 août, au milieu d'un grand concours de peuple, et des soldats à qui on avait distribué quantité de poudre. La petite ville avait voulu recevoir dignement sa nouvelle châtelaine. Il y eut des fêtes et des réjouissances pendant deux semaines, que les rues retentirent des sons gais et entraînants des petits tambours et des instruments de musique, avec accompagnement de détonations. On avait fait venir deux tambours de Saint-Hippolyte, trois de Montpellier, deux de Gignac, ce qui avec ceux de Ganges faisait neuf. Un hautbois de Sauve fut adjoint à celui de Ganges. Il y eut en outre deux violons probablement de la localité, et deux trompettes de Montpellier. Pour subvenir aux frais occasionnés, on fit un emprunt. Vingt notables avancèrent ensemble la somme de 402 livres 1 sol [16].

Les commencements de cette union formée sous de si heureux auspices, semblèrent confirmer les prévisions les plus favorables, à ce qu'on assure. Ils goûtèrent dans les premières années de leur mariage toutes les douceurs qu'ils pouvaient se promettre de leur condition, de leur fortune et de tous les avantages dont ils avaient été comblés. « Deux enfants, un garçon et une fille, nés, le fils [17] en 1661, et la fille en 1662, furent les gages de leur tendresse, et tous deux rappelaient par leur beauté celle des deux époux qui leur avaient donné le jour. » Voilà ce que dit F. d'Urban (p. 25) qui ajoute en note : « La relation de 1667 les fait naître en ce temps et place la naissance du fils avant celle de la fille, ce qui paraît exact, mais non sans difficulté ». Or il y a ici une erreur que nos documents inédits [18] nous permettent de rectifier. Le garçon ne naquit pas plus tard que le 7 juin 1660, puisque ce jour-là il fut *chrysmé*, c'est-à-dire oint du saint-chrême, des huiles consacrées dont on se sert dans le rite catholique, soit avant, soit après le baptême d'eau. Le 28 novembre (de la même année probablement) il aurait été baptisé. L'un et l'autre auraient eu lieu à Pézénas où il naquit, paraît-il. Même, d'après certains renseignements, il serait né en novembre 1659 [19].

Ici nous devons signaler une difficulté. D'après d'Urban, cet enfant fut baptisé solennellement à Avignon, le 7 septembre 1664, et eut le cardinal-légat Chigi pour parrain. Nous croyons ce fait vrai, et nous sommes amené à supposer que le baptême du 28 novembre 1660 est une fiction. Le certificat qui s'y rapporte est un acte de complaisance, pour épargner à la famille de Ganges l'humiliation de s'adresser à Avignon, lorsque l'enfant ayant atteint sa douzième année, dut faire sa première communion et justifier de son baptême.

Outre cette difficulté, bien des questions viennent à l'esprit. Pourquoi ces cérémonies ont-elles été faites loin de Ganges, si la chose s'est ainsi passée? Pourquoi ont-elles été doubles? Pourquoi un prêtre étranger, quand il y en avait un dans la maison, précepteur et conseiller intime du père du nouveau-né et de ses oncles? Pourquoi une marraine est-elle nommée sans parrain? Voilà des points qu'il ne nous est guère possible d'éclaircir avec pleine certitude.

Pourtant essayons de faire un peu de lumière. Demandons-nous en particulier pourquoi la vieille douairière de Ganges ne paraît pas. A la rigueur nous comprenons un baptême préliminaire, hâtif, suffisant pour calmer les consciences et satisfaire aux lois de l'Eglise romaine, surtout si on avait des craintes pour la santé de l'enfant. Mais le baptême du 28 novembre dut être complet et solennel, et l'on eut tout le temps nécessaire pour tout préparer et faire les convocations. D'où vient donc que cette dame ne soit pas nommée quand sa place était ici tout indiquée? Notre étonnement redouble si nous consultons nos récits imprimés. D'après M. Aragon, qui la représente comme une digne et sainte femme (p. 70), elle ne cessait de donner à sa belle-fille des marques non équivoques de son affection (p. 19, 34). Elle était, lisons-nous dans les *Histoires tragiques*, une des plus prudentes et des plus vertueuses femmes du royaume, ou de la province, d'après F. d'Urban (p. 60). Mais, si nous consultons la tradition locale qui est, sur ce point, fort répandue et très ferme, il en est tout autrement. La jeune femme se disputait avec sa belle-mère. Celle-ci, employant un terme de la dernière grossièreté, et que nous ne pouvons reproduire, lui reprochait d'avoir été.... l'amie du roi. Elle alors lui répondait qu'elle y avait été forcée, tandis qu'elle (sa belle-mère, à qui à son tour elle appliquait le même terme), était.... l'amie du prêtre, et cela sans y être forcée, très volontairement.

Le prêtre en question ne peut être que le fameux Perrette qui joue un rôle si odieux. Ce récit se retrouve dans beaucoup de bouches. Voici un propos un peu différent qu'une personne nous a répété, l'ayant entendu rapporter autrefois. Qu'on nous permette de le consigner ici. N'écrivant pas un panégyrique, nous recherchons la vérité jusque dans les détails les plus minutieux. La belle-mère désireuse de la piquer le plus aigrement, lui criait : « Coquette ! Coquette ! » A quoi la jeune femme avait répondu : « Oui ! avec les rois et les princes. Mais vous, avec vos prêtres et vos valets. » Ce propos, s'il a été tenu, (une seule personne nous l'a transmis,) ne répond pas évidemment aux austères exigences de la morale chrétienne. Toutefois il s'expliquerait et s'atténuerait par un mouvement de colère et d'imprudente fierté, et il n'impliquerait pas nécessairement des fautes sérieuses et vraies, toute réserve faite d'ailleurs pour ce qui touche Louis XIV.

Ajoutons ce petit renseignement puisé encore dans la tradition, et qui n'est pas sans intérêt. L'Abbé de Ganges, que nous apprendrons bien à connaître,était d'autant plus irrité que c'était vrai apparemment, et que sa nature souverainement orgueilleuse n'admettait pas qu'on pût infliger le moindre blâme à quelqu'un de sa famille. De là serait née une idée de vengeance qui se serait combinée, comme c'est assez naturel chez un tel homme, avec une autre passion d'un genre différent, mais pas nécessairement contraire, quoiqu'il en semble. Tout cela d'ailleurs sans préjudice d'une troisième passion : la cupidité, comme nous verrons.

Ces données nous expliquent très clairement pourquoi la Marquise avait tant de répugnance à venir dans le pays de son mari le Baron de Ganges. Outre que dans cette petite ville elle était loin de ses parents et de ses amis, loin de son lieu de naissance, et privée de bien des ressources, combien le séjour de ce château devait lui être triste ! D'un côté une belle-mère acariâtre qui, transportée sans doute de jalousie et de haine, la poursuivait des plus graves injures et cherchait à la blesser le plus cruellement possible. De l'autre, le prêtre Perrette dont elle avait pénétré la profonde corruption et qui, presque maître dans la maison, ne pouvait que lui être hostile. Puis encore ses beaux-frères qui, pleins d'aigreur et de méchanceté contre elle, n'étaient susceptibles de s'adoucir que dans des vues coupables et pour l'outrager d'une autre façon non moins sensible. Que d'ennuis et de peines elle dut endurer dans ce morne séjour ! Comme elle aurait voulu passer tout son temps à Avignon ! Cependant il lui fallait faire des concessions à son mari qui désirait rester dans ses terres le plus possible, et y passer avec lui des temps assez longs. De lugubres pensées ne l'ont-elles pas assaillie plus d'une fois dans ces lieux qui devaient être le théâtre de son immolation ? Mais si elle fut ainsi parfois troublée, l'entrain de la jeunesse, la souplesse et la force de sa riche nature reprirent le dessus et lui permirent de supporter ses ennuis.

Si réellement son mari avait été bon et affectueux pour elle, elle n'aurait pas tant redouté de le suivre dans ses terres ; mais nous avons lieu de douter qu'il en fût ainsi. Il subissait trop l'influence des siens, ou partageait trop bien leurs sentiments pour qu'il ait laissé subsister l'intimité conjugale, pour qu'il ait goûté vraiment la vie de famille. Du reste il y avait entre les caractères des époux des différences profondes, de frappants contrastes qui ne tardèrent pas à devenir des causes de trouble, des sources d'amertume. La dame était, comme nous avons vu, ouverte, confiante, d'une humeur facile, sociable, enjouée même. Sa pénétrante intelligence n'altérait point la simplicité et la droiture de son esprit. Elle savait se dominer, mais ce n'était point pour se préparer à nuire aux autres, car elle avait beaucoup de cœur.

VI. Monsieur de Ganges.

Tout autre était le mari [21]. Sous sa belle prestance, sous des dehors séduisants, il cachait une âme basse et vile qui s'abandonnait au vice sans regret. Le sens moral lui faisait complètement défaut, il commettait le mal sans retenue. Il était, comme les évènements l'ont bien montré, capable de concevoir, et surtout de préparer et d'exécuter froidement les projets les plus coupables, de descendre jusqu'au bout la pente fatale avec une sorte de sérénité. Point de ces retours qui amènent le pardon ou le rendent plus facile; point de ces mouvements généreux qui relèvent l'âme égarée. Il était sensuel, esclave de la matière, et en outre avide et rapace. Malgré son abord parfois aimable, il avait un fonds de cruauté. Ne pouvant laisser paraître ses ignobles inclinations, il sentait d'instinct la nécessité de les cacher et d'avoir recours à la dissimulation. Mais il ne pouvait toujours s'empêcher de trahir une humeur très inégale, fantasque, de repoussants travers. Il reprenait vite ses manières hautaines, sa rude fierté. Nayant pas en lui-même d'appui moral, il devait être mû et agité en sens divers, non certes par des scrupules de conscience, mais par la vivacité de ses impressions. On comprend facilement qu'il fût méfiant et ombrageux, l'homme sans cœur ne pouvant guère supposer chez les autres ce qu'il n'a pas lui-même. Il était d'ailleurs naturellement destiné à subir de mauvaises influences, pourvu que ses passions fussent caressées, ses mauvais désirs assouvis.

VII. Dissensions.

Après les premières ardeurs, on s'explique donc aisément que les déceptions soient venues, que le froid se soit fait sentir dans la vie conjugale. M. de Ganges se jetant dans le monde, s'éloigna de sa femme qui, de son côté, chercha des distractions.

Accoutumée à recevoir tant d'éloges, sentant combien sa beauté était supérieure, elle ne se renfermait pas dans la solitude et n'affectait pas d'airs farouches. Elle aimait à être vue et admirée. Elle recevait volontiers les hommages de ceux qui l'entouraient. Aussi avait-elle dans ses relations un certain abandon, une amabilité pleine de naturel. Peut-être même était-elle un peu inconsidérée. Il lui aurait été convenable d'avoir plus de retenue et de froide dignité. Mais une personne si jeune, tant adulée pouvait-elle avoir assez de discernement et de maturité pour se rendre bien compte des inconvénients auxquels elle s'exposait ?

Toutefois si elle voyait sans déplaisir les assiduités de ceux qui l'approchaient, elle y aimait simplement l'abord, comme dit notre vieux récit. Elle n'était pas disposée au vice. Elle ne distingua jamais quelqu'un pour lui accorder des faveurs particulières. Sans doute elle avait beaucoup de relations ; mais c'était sans attachement et avec une réserve très réelle, et sans se départir de l'honnêteté. Etant au fond vertueuse, elle ne cherchait qu'à se distraire sans avoir des vues blâmables sur ceux qui l'amusaient ; et dès qu'elle apercevait qu'ils s'intéressaient trop à elle, elle les évitait pour en chercher de plus indifférents. Peut-être même la droiture de ses intentions explique-t-elle en quelque sorte les imprudences qu'elle a pu faire.

Malheureusement pour elle, peut-on dire, elle était trop en vue ; elle ne pouvait goûter le calme d'une vie obscure. Etant si exceptionnellement favorisée de la nature et de la fortune, ses brillants avantages devaient exciter contre elle l'envie et des sentiments haineux. Par son élévation si fort au-dessus du commun, elle froissait les petites vanités, les vulgarités prétentieuses ; et celles-ci n'attendaient que les occasions de se venger de sa supériorité.

En outre la réserve qu'elle gardait et qu'elle savait à propos imposer aux autres, devait profondément irriter quantité d'admirateurs sans conscience qui n'écoutaient que la voix de la vile et ignoble passion. Rebutés par elle, voyant leurs assiduités inutiles, au point de vue de leurs coupables projets, ils concevaient un amer dépit et n'aspiraient qu'à lui nuire, à porter atteinte à son honneur. De tout temps les méchants ont cherché à perdre ceux qui refusent d'être leurs complices et de se souiller en trempant dans leur scélératesse.

Il n'est donc pas étonnant qu'il se formât comme une atmosphère de haine et de malice autour de la Marquise. Certaines gens, même de son entourage, aimaient à lancer contre elle des traits perfides. On usait à son égard d'insinuations malicieuses, ou même d'accusations assez ouvertes. On voulait interpréter à mal toutes ses actions, ne pouvant souffrir qu'une personne de cette qualité, et douée de tant d'agréments, pût vivre dans le commerce de la vie ordinaire sans soupçon de galanterie. On étudiait sa conduite avec un esprit prévenu, voulant trouver partout des indices ou des preuves de ses égarements.

On donnait les plus mauvais motifs aux libertés les plus honnêtes qu'elle prenait. On voulait faire croire qu'une personne si remarquable ne pouvait se laisser regarder sans pensées coupables, et on lui tournait à crime sa distinction même, ses perfections ainsi que l'admiration qu'elles excitaient. Elle était ainsi immolée au ressentiment de ses soupirants rebutés qui se vengeaient de ses mépris. S'abandonnant aux saillies de leur frénésie, ils montraient contre elle un acharnement sans pitié. Du reste il savaient couvrir leur dépravation et leur malice, déguiser leur secrète jalousie sous des semblants d'amitié et de faux prétextes.

Il y avait donc entre elle et la société où elle vivait, en général un malentendu constant, un désaccord profond et qui ne pouvait manquer de devenir toujours plus douloureux. On lui refusait l'honnête et sincère amitié qu'elle désirait, et on lui demandait le feu impur de la passion. Elle avait besoin d'affection et elle rencontrait à chaque pas cet implacable et brutal égoïsme qui, par une odieuse profanation, se pare du nom d'amour.

Il se trouvait pourtant des gens d'honneur qui ne favorisaient pas cette méchanceté. Jugeant mieux des choses que ces bigots et ces envieux, ils savaient bien que, malgré les perfidies de ces langues, elle était au fond innocente. Ils savaient que c'était bien à tort que l'on bâtissait des romans sur toute sa vie, qu'on imaginait des aventures pour ses moindres actions. Ils ne se joignaient pas à ceux qui voulaient donner un sens corrompu à tout ce qui faisait de l'éclat à son avantage. Ces gens éclairés et sérieux qui vivaient dans une étroite amitié, dans un respectueux commerce avec elle, justifiaient sa conduite par leur approbation et leur estime.

Mais la société d'alors, dans son ensemble, était travaillée par une corruption profonde, puissamment activée par l'exemple d'un roi libertin et sans scrupule. Ce n'est pas à dire qu'il n'eût jamais quelque scrupule ou trouble intérieur ; mais il l'apaisait facilement avec les pratiques d'une dévotion fausse et malsaine qui s'accommodait parfaitement du vice, et même donnait à ce dernier une sorte de consécration. Les persécutions contre les protestants étaient la conséquence assez naturelle de ce marché avec la conscience, par lequel il se trompait habilement lui-même et se mettait à même de recommencer sans trouble sa vie de débauche. La cour ne manquait pas d'imiter le prince, la grande Ville d'imiter la cour, la province d'imiter la Ville. Partout, sauf quelques exceptions, la noblesse et la haute bourgeoisie, ne voulant pas rester en arrière, subissant la plus triste influence, la faisaient ensuite subir autour d'elles. C'est ainsi que la fausse et démoralisante dévotion, servant à couvrir toutes les turpitudes, à les cacher ou à les expier d'une manière facile, devint à la mode. On se montra de plus en plus servile pour le clergé, tandis que croissait la corruption des mœurs. Ce mal qui rongeait la France n'avait pas épargné Avignon, car un de nos auteurs proteste énergiquement contre « *les bigots et les envieux* » qui s'efforçaient de répandre leur fiel sur la Marquise. Il déclare qu'elle n'a pu « *être blâmée que par des démons* » [22].

Ces appréciations malveillantes, ces propos calomnieux prirent de la consistance par la pente naturelle qu'ont les hommes à prêter l'oreille à ceux qui parlent mal, surtout lorsqu'ils déchirent quelque personne supérieurement douée. Ils se propagèrent et vinrent aux oreilles de M. de Ganges. Il prit ombrage et devint méfiant pour sa femme. La bonne harmonie disparut, et le bonheur domestique fut irrévocablement troublé du moment qu'il se laissa gagner par la jalousie. Cette passion s'empara de son esprit avec sa suite funeste de cruelles agitations, de sombres pensées, de mortelles inquiétudes. Mais, comme elle rend ridicule dans le monde celui qu'elle ronge, il se contraignit au dehors. D'ailleurs la dame ne donnant point matière à de légitimes soupçons, il n'osait éclater devant d'autres personnes. Pourtant les noirs chagrins qu'il nourrissait dans son cœur ne pouvaient manquer de le rendre farouche, dur, capricieux dans l'intérieur de sa maison. Là éclatait sa mauvaise humeur. Il ne se présentait à elle qu'avec un visage maussade ou irrité. Il voulait lui interdire les bals et les fêtes où elle était souvent invitée. Il la pressait avec aigreur de ne pas tant courir et de rester chez elle, prétendant que cette vie dissipée nuisait à sa réputation, et lui causait à lui-même beaucoup de chagrin. Elle trouvait cela fort extraordinaire. « Elle était sage, dit madame Leprince de Beaumont, et elle croyait que cela suffisait.... Elle répondit donc à son mari que sa conscience ne lui reprochait rien, qu'elle n'était ni d'âge ni d'humeur à s'enterrer toute vive pour les sots discours des médisants, qu'il était le maître de la suivre dans ces assemblées où il pourrait examiner sa conduite, et qu'il était inouï de vouloir priver une femme de son âge de plaisirs innocents et honnêtes. » Là-dessus le mari se fâchait et grondait ; elle répondait avec vivacité. De là des querelles fréquentes, de la froideur, une sorte d'aversion réciproque.

M. de Ganges était jaloux, mais on est en droit de penser qu'il voulait bien l'être. Il lui plaisait de croire sa femme coupable, et de le faire croire pour la perdre dans l'opinion, en attendant de la perdre autrement. Il y avait peut-être en lui cette haine implacable que les natures basses et viles nourrissent contre les natures nobles et bien douées. Peut-être était-il irrité de son amabilité, des hommages qu'on lui rendait, des qualités qui la distinguaient. Mais une pareille jalousie ne s'avoue pas. Il faut la dissimuler à tous avec le plus grand soin, et en adopter une d'un autre genre. Il feignait donc de la croire infidèle, ce qui lui permettait de se laisser aller à tous les mouvements de la colère et de l'animosité. Il avait ainsi constamment le moyen de l'humilier, de la diffamer, de la déchirer. La rare distinction de celle-ci, et les succès qu'elle lui procurait partout, lui donnaient à lui-même des prétextes pour la poursuivre et la ravaler. De bonne heure aussi la convoitise de son héritage dut se mêler à ses sentiments haineux et en augmenter le fiel, surtout à partir de 1665, où elle hérita de son aïeul. N'oublions pas qu'une fois sa femme morte, il devenait le tuteur de ses enfants et gérait leur fortune. Contrairement à ce qu'on a voulu faire croire, il avait donc tout intérêt à se débarrasser d'elle, soit avant le testament d'Avignon, soit après ceux de Sauve et de Ganges. La suite des faits justifiera d'ailleurs pleinement nos appréciations, et nous prouverons que ce ne sont pas de simples suppositions.

Il n'est pas étonnant que tous les plaisirs de cette dame fussent trempés d'amertume. C'est ainsi qu'elle passa plusieurs années de sa vie sans avoir un seul jour serein. Tels furent les préludes de son désastre, lorsque l'Abbé et le Chevalier de Ganges, qui devaient en être les artisans, vinrent demeurer avec leur frère. Comme ils vont désormais jouer un rôle très important, il convient de les faire connaître.

VIII. L'Abbé de Ganges. Le Chevalier.

L'Abbé était supérieurement doué. Il ne l'ignorait pas ; aussi était-il facilement fier et glorieux. Son intelligence était vive et prompte, d'une singulière pénétration. Il avait de l'esprit comme un démon, nous est-il dit. Il avait en même temps une volonté forte qui s'imposait aux autres. Il savait envahir, subjuguer son entourage. Malheureusement il était étranger au sens moral, et sa conscience était complètement endurcie. Il ne connaissait aucun scrupule. Il s'abandonnait sans retenue aux débordements des sens ainsi qu'au désir effréné de dominer. Il fallait que tout cédât à ses caprices. Il se conduisait comme s'il était né pour régner et jouir. Il avait embrassé l'état ecclésiastique, non certes par vocation, car il était tout à fait impie; mais seulement pour avoir plus de liberté pour ses débauches [23]. Les obstacles l'irritaient, et il voulait les vaincre à tout prix. Ses vengeances étaient terribles. Le rang et tous les avantages qu'il pouvait avoir n'étaient pour lui que des moyens d'assouvir ses passions. Il ne pouvait ni ne voulait dominer celles-ci; mais il était capable de se dominer dans l'intérêt de ces passions mêmes. Impérieux et hautain, il savait pourtant s'assouplir à propos, se faire doux et aimable. Il prenait habilement toutes les formes, devenait au besoin courtois et complaisant. Lui qui était souverainement malin, pouvait jouer l'honnête homme, se montrer loyal, généreux. Tour à tour hardi, rusé, violent, artificieux, il n'en tendait pas moins à ses fins avec une audace et une persévérance étonnantes. Implacable dans l'accomplissement de ses tristes desseins, il devait suivre ses instincts pervers jusqu'à complet épuisement de ses forces. Rien ne devait l'arrêter dans la carrière du crime. Dieu seul qui voyait les insondables profondeurs de ce cœur voué au mal, savait si après tous ses forfaits il était capable de relèvement. Mais en tout cas, avec cette forte et souple nature, riche et pleine de ressources, il n'était pas né pour les choses vulgaires. Avec une autre direction morale, il serait devenu un héros. Avec le vice il devait être un grand scélérat.

Quant au Chevalier, c'était un esprit médiocre, fait pour être gouverné. L'Abbé disposait de lui comme il voulait, et il ne daignait même pas lui rendre raison des lois qu'il lui imposait. Il avait pourtant l'art de lui adoucir et de lui dissimuler l'ascendant qu'il prenait sur lui, de sorte qu'il le menait sans que celui-ci s'en aperçût.

Dès que l'Abbé avait vu la Marquise, il avait senti en lui naître une passion à laquelle loin de résister, il résolut de donner satisfaction à tout prix. Cette dame, de son côté, éprouva de la méfiance et de la répulsion. Elle pénétra vite cette nature vicieuse et dominatrice, aux caprices de laquelle tout devait plier. Elle comprit, paraît-il, au moins dans quelque mesure, les périls dont elle était menacée, les malheurs qu'il pourrait lui causer. On eût dit qu'un mystérieux pressentiment avertissait la pauvre victime qu'elle aurait là son bourreau. Aussi était-elle réservée. C'était surtout lorsqu'il s'agissait d'aller à Ganges qu'elle éprouvait d'étranges inquiétudes, témoignait une vive régugnance. Elle était là loin de son pays et de sa famille, auprès d'un mari ombrageux, à l'humeur souvent sombre et chagrine, avec des beaux-frères qu'elle apprenait toujours plus à redouter. Le reste de l'entourage n'était guère propre à calmer ses défiances et son aversion. Elle y retrouvait dans l'intimité habituelle de la famille, l'infâme Perrette et sa complice, la belle-mère dont nous connaissons les emportements. N'oublions pas certains domestiques qui ne contribuaient pas peu à lui rendre la vie dure, surtout le perfide Lovion qui savait si bien comprendre et servir les passions de son maître, l'Abbé, et dont elle avait tant à craindre la malice, l'activité. C'était d'ordinaire pour ce voyage qu'elle avait des querelles avec son mari, car elle s'y décidait toujours avec peine. Toutefois elle se voyait souvent obligée d'aller passer des années entières dans ce séjour qui lui faisait peur.

L'Abbé, qui avait une influence sans bornes sur le Chevalier, prit aussi un complet ascendant sur M. de Ganges, son frère aîné. Il lui persuada qu'il lui était dévoué, et qu'il était, par ses conseils, propre à donner de l'éclat à sa maison. Il lui donna une haute idée de sa capacité pour gérer ses biens, pour en employer utilement les revenus. Il fit si bien que, tout en lui laissant le nom de maître, il en attira à lui toute l'autorité.

IX. Intrigues de l'abbé.

Avec une telle position et une telle influence, avec les ressources pour ainsi dire inépuisables de son esprit, il ne douta pas de réussir auprès de la jeune Marquise. Pour lui plaire et la gagner par le cœur, il voulut, par un service signalé, exciter en elle de la reconnaissance. Il prévint son mari en sa faveur. Il lui parla si avantageusement de sa vertu qu'il calma chez lui toute jalousie. Il parvint à faire naître en lui des sentiments d'estime et de tendresse pour elle. La Marquise vit changer brusquement sa position et renaître les beaux jours de son mariage. Elle répondit sans raideur aux avances de son mari, et, au lieu de se laisser aller à l'aversion contre lui, elle se dépouilla de toute animosité.

L'Abbé naturellement ne voulut pas qu'elle ignorât à qui elle devait cet heureux changement. Il s'y prit de toutes les manières pour la fléchir, il redoubla d'amabilité. Pour montrer combien il était nécessaire, il lui apprit en confidence que c'était lui qui avait tourné l'esprit du Marquis en sa faveur. Il lui fit comprendre qu'il le gouvernait absolument et que de lui dépendait le bonheur dont elle jouissait.

La dame qui, dès le début, avait conçu pour lui une profonde antipathie, ne fut nullement touchée de ses prévenances, ni reconnaissante de ses services dont elle sentait bien quel prix il exigerait. Elle fut fâchée de lui avoir une telle obligation, prévoyant qu'il en abuserait. Elle le remercia pourtant du plaisir qu'il lui avait fait ; mais ce fut avec une froideur très visible et un accent tel qu'il n'y avait pas à se méprendre sur ses dispositions. Loin de donner des espérances à son séducteur, elle abattait du coup celles qu'il pouvait avoir.

Celui-ci fut fort piqué, après un si grand bienfait, de ne pas avoir obtenu le genre de reconnaissance auquel il s'attendait. Toutefois, comme il avait de la vanité, il se flatta qu'à force de soins il arriverait à ses fins. Mais, malgré toutes ses attentions, la Marquise s'enveloppa dans une majestueuse indifférence et se montra inébranlable. Irrité de cette longue résistance, il résolut de l'aborder directement sur le sujet qui l'intéressait si vivement, et de s'expliquer nettement avec elle dès qu'il en aurait l'occasion.

Il sut qu'elle était allée dans une maison de campagne d'une dame de ses amies. Il s'y rendit. Comme il était très agréable en conversation, qu'il était l'âme d'une compagnie, il fut bien reçu de tout le monde. Il ne brilla certes pas moins qu'à l'ordinaire par la vivacité de son esprit. Inspiré par la passion qui le transportait, il en déploya tous les agréments dans les divers entretiens qu'on eut. Le lendemain on fit une partie de chasse où les dames voulurent aller à cheval. Il s'offrit pour être l'écuyer de la Marquise. Il lui fut ainsi facile de lui parler à son aise et sans être interrompu. Alors, se débarrassant de toute timidité, sans détours, il lui déclara ses sentiments. Etant violemment épris et ne se contraignant pas, il n'eut pas de peine à trouver des expressions vives et fortes où éclatait son impure ardeur.

La Marquise fut tout émue. Elle n'avait pas la ressource de ne pas paraître comprendre, ou de se montrer incrédule. Les paroles et les regards de cet homme, tout en lui témoignait trop manifestement le feu de sa passion. Elle changea de visage, voulut paraître surprise, non irritée. Elle prit un air magnifique de froideur et de dignité, comme si elle eût vu dans ces propositions trop de bassesse et d'abjection pour que sa colère s'éveillât. « Monsieur l'abbé, dit-elle, vous pensez comment une femme comme moi doit recevoir un pareil compliment. Dites-vous à vous-même ce que je vous dois dire, et épargnez-moi la peine de vous le dire. » Par cette parole elle montrait, sous une forme heureusement ingénieuse, l'élévation, la pureté, la force de ses sentiments, unies à la plus exquise délicatesse. Mais elle les prononça d'un ton qui en faisait singulièrement ressortir la portée. Cette calme fierté, accompagnant cette remarquable modération de la forme, marquait à l'Abbé de la manière la plus éloquente, l'immensité et la profondeur du mépris qu'elle avait pour lui. Si l'expression de nobles sentiments moraux, quand l'âme est émue, ennoblit la figure la plus ingrate, la plus vulgaire, et fait descendre sur elle un rayon de beauté, que devait être alors la figure de la belle Diane!

L'Abbé se sentit frappé au cœur, comme si le glaive céleste l'avait atteint. Trop corrompu pour s'humilier devant celle qu'il outrageait, et pour implorer son pardon, comment pouvait-il sauver son orgueil blessé ? En persévérant dans la poursuite de ses odieux desseins, il était amené à aggraver l'outrage par la menace, à étaler une parfaite impudence. Il changea en effet de ton et répliqua avec beaucoup de hardiesse : « Savez-vous bien, Madame, que votre bonheur est entre mes mains? Quand je le voudrai, vous serez la plus malheureuse femme de la terre. J'aurai bien l'air de défaire ce que j'ai fait ; mais je ne crains pas que vous me préveniez, parce que, quelque chose que vous disiez, quelque moyen que vous mettiez en œuvre, on ne vous croira pas. Ainsi, Madame, pour notre repos, ne nous traversons point l'un l'autre. Répondez à ma tendresse, et vous aurez des jours sereins et riants. » La Marquise, sans élever la voix, lui dit avec la même froideur : « Apprenez à m'estimer si vous avez appris à m'aimer ; et sachez que la crainte de subir la destinée du monde la plus malheureuse, ne me fera rien faire aux dépens de ma vertu. » Mais elle ne s'en tint pas là. S'exaltant dans l'amour du devoir comme son persécuteur s'exaltait dans le vice, elle voulut frapper un grand coup pour se débarrasser de ses importunités. Elle eut un de ces emportements comme en ont les âmes nobles et généreuses sous l'empire d'une profonde indignation ; emportements que les gens terre à terre estiment des imprudences, et qui ont en effet, d'ordinaire, des conséquences dangereuses ou terribles. Elle fit à son amour-propre une blessure incurable par ce qu'elle ajouta : « Si j'étais capable d'une faiblesse, vous seriez le dernier homme pour qui j'aurais des sentiments. »

On peut se figurer l'effet de ces paroles prononcées avec une dignité glaciale, avec le plus superbe dédain. L'Abbé fut terrassé. Il rougit de colère. Il ne put rester là. Il s'enfuit, abandonnant la Marquise qui rejoignit la compagnie. La honte le poursuivait. Avec ses talents et ses grâces, avec ses prévenances et son amabilité, il n'avait pas mieux réussi qu'avec d'infâmes menaces qui n'étaient pourtant pas vaines. Manières insinuantes, paroles flatteuses, sommations brutales, tout avait été inutile. Avec tous ses avantages il était mis au dernier rang des hommes, désigné comme celui qui inspirait le plus de répulsion et de dégoût. Au lieu de l'ivresse du succès qui fait momentanément oublier le mal commis, ou même en fait un sujet de gloire, il éprouvait le sentiment amer de sa bassesse en même temps que de son impuissance. D'un autre côté la conscience, refuge et consolation des justes au fort de leurs malheurs, s'il était capable de l'écouter ou de l'entendre, ne pouvait que l'accabler de ses reproches et lui faire sentir toute son abjection. Le dernier des hommes! ce mot retentissait péniblement à son oreille. Etre ainsi traité quand on veut être des premiers ou le premier, quand on suit les traces de Louis XIV, que comme lui on a un orgueil infini et qu'on se met au-dessus des lois morales[24], quelle poignante déception ! Son dépit fut si violent qu'il lui fut impossible de le dissimuler. Aurait-il pu même penser à déguiser une telle confusion ? Tout le jour il fut d'une humeur affreuse. « Il était si petit à ses yeux, est-il dit, qu'on ne vit jamais rien de si humble. »

Il retourna sur le soir à Avignon, laissant penser à tout le monde qu'il avait un grand chagrin. Quand il fut seul, il reprit ses sens et réfléchit. Son orgueil se relevant, ne lui permit pas de croire à un échec définitif et sans retour. Il ranima son courage et voulut se donner encore de l'espoir. Il pensa que le temps lui viendrait en aide et lui permettrait d'arriver à ses fins. Il ne se rebuta donc pas. Loin de rompre avec l'objet de sa passion, il reprit la tactique précédemment adoptée. Il entretint le Marquis, son frère, de l'idée d'avoir une femme dont la vertu égalait la beauté. Elle continua donc à être heureuse. Néanmoins l'antipathie qu'elle ressentait pour celui qui était l'auteur de ce bonheur, ne diminuait point. Elle évitait avec soin d'être avec lui en particulier.

Cependant le Chevalier était aussi sensible que l'Abbé aux charmes de sa belle-sœur. Loin d'avoir pour lui la même antipathie que pour l'Abbé, elle lui témoignait de la confiance et de la bienveillance. Elle aimait son entretien. Ce n'est pas qu'elle eût une inclination mauvaise pour lui, ni qu'elle s'abusât sur son esprit. Elle savait fort bien que sous ce rapport il était bien inférieur à son frère plus jeune, et qu'il n'avait ni l'intelligence ni les agréments de celui-ci. Mais il paraissait plus modéré dans ses passions et de mœurs plus douces. Elle lui croyait du cœur et, malgré sa médiocrité, une certaine droiture et honnêteté. Elle avait besoin d'affection, et elle se figurait en trouver chez lui. Elle se rapprochait donc de lui et lui parlait avec abandon. Pourtant il était dépourvu des sentiments généreux qu'elle lui attribuait. Il n'avait pas plus de valeur morale que l'Abbé. Se méprenant sur les intentions de sa belle-sœur, il ne vit dans ses bontés qu'un encouragement à ses secrets désirs. L'Abbé était naturellement en éveil. Il s'aperçut bien vite qu'elle souffrait volontiers son frère, tandis qu'elle l'évitait lui-même. Il crut que celui-ci allait obtenir le succès envié. Il résolut de les épier. Mais il ne découvrit rien qui lui donnât des soupçons pour la vertu de la Marquise.

Toutefois il avait un rival. Il en fut extrêmement contrarié. Il délibéra longtemps avec lui-même. Il comprit bien que s'il voulait user de l'empire qu'il avait sur le Chevalier, il échouerait contre la violence de ses sentiments. Il se détermina prudemment à user d'un artifice qui ne pouvait tourner qu'à son avantage. Loin de blesser ce compétiteur et d'en faire un ennemi dangereux, il en fit un allié en affectant la plus grande générosité avec lui. Dans une explication qu'il eut avec lui, il lui dit : « Nous aimons tous les deux la Marquise. Je veux bien ne pas vous traverser. Voyez si vous pouvez faire recevoir votre passion. Si vous ne le pouvez pas, retirez-vous. Je verrai si je serai plus heureux. Nous sommes trop unis pour nous brouiller à cause d'elle. » Ce parti était fort habile. N'ayant pu réussir personnellement, il allait ainsi éprouver si la Marquise était sensible pour un autre. Si sa vertu succombait, il saurait bien en tirer parti pour lui-même. Si elle offrait au Chevalier un obstacle insurmontable, celui-ci se retirait, le débarrassant d'un rival. Resté seul, il saurait bien recommencer ses tentatives et arriver sans doute au but. Le Chevalier ne manqua pas de tomber dans le piège. Il fut fort sensible à cet excès de générosité. Il ne voulut pas rester en arrière, et il déclara qu'il était prêt à lui sacrifier sa passion. « Non, dit l'Abbé, je serai ravi de vous voir heureux. Je suis le maître de mes sentiments. Je préfère à tout notre amitié. »

Alors ils s'embrassèrent.

Le Chevalier, débarrassé de tout souci du côté de son frère, ayant puisé même dans cette conversation un nouveau courage, se remit avec ardeur à rendre des soins à la Marquise. Elle les reçut comme elle croyait qu'ils étaient donnés, c'est-à-dire fort innocemment. Mais dès qu'elle s'aperçut que la passion s'en mêlait, elle reprit toute sa dignité et sa froideur et le tint à distance. Aussi n'osa-t-il jamais lui exprimer ses sentiments. Il se contentait de se montrer, par ses assiduités, l'homme le plus amoureux du monde. Elle, de son côté, affectait de n'y point prendre garde, si bien qu'au bout d'un temps fort long, il fut avancé comme le premier jour. Elle était pourtant fort importunée, et elle résolut d'en finir avec de pareils ennuis. Pour lui ôter toute lueur d'espoir, elle alla plus loin que l'indifférence, et lui donna clairement des marques de mépris. Elle l'avait traité avec bienveillance, malgré sa nature assez bornée, tant qu'elle avait pu lui supposer de loyales dispositions. Ne constatant chez lui que de vils instincts, elle fut outrée et ne cacha pas son dégoût. Comme il arrivait à ce Chevalier de dire des choses qui n'étaient pas fort spirituelles, elle le raillait, quoiqu'elle n'eût aucun penchant pour la raillerie, et qu'elle couvrît volontiers les fautes que l'on commettait en conversation. Ainsi elle sortait de son caractère pour mettre fin à une odieuse obsession.

Le Chevalier vit qu'il n'aboutissait qu'à s'attirer des humiliations et que tous ses soins étaient inutiles. N'espérant plus fléchir la Marquise, il résolut de vaincre sa propre passion. Il s'en ouvrit à l'Abbé qui ne manqua pas de l'entretenir dans ces dispositions. Il se retira donc. Ce ne fut pas toutefois sans éprouver un vif dépit, et sans concevoir une profonde aversion pour l'objet de son précédent amour. Belle était la conduite de la Marquise ; mais celle-ci devait en recueillir de cruelles amertumes. Elle avait un ennemi implacable de plus.

Du reste elle n'échappait à un mal que pour retomber dans un pire. Le Chevalier rebuté, l'Abbé revint au premier plan. Seulement, comme il n'avait pu arriver au but en cimentant le bonheur de la Marquise, il résolut de changer de manière de faire, et de lui rendre la vie aussi dure que possible. Comme il disposait souverainement de l'esprit du mari, celui-ci ne soupçonnait rien des intrigues qui se nouaient autour de lui. Il ne s'était pas aperçu des assiduités du Chevalier auprès de la Marquise. Quand aux manœuvres de l'Abbé, il ne pouvait attribuer sa conduite qu'au désir d'éclairer ses démarches.

L'Abbé donna de l'ombrage à M. de Ganges au sujet de sa femme. Il lui représenta qu'il s'était jusqu'ici reposé sur sa vertu ; mais que sa confiance avait été fort ébranlée par ce qu'il avait observé. Il prétendit avoir fait une découverte à laquelle il feignit de trouver beaucoup de gravité. Cette dame allait dans une compagnie où elle aimait à se laisser amuser par un jeune homme qui sans doute avait un tour d'esprit agréable et de vives saillies. Il incrimina très perfidement cet innocent plaisir auprès de son frère. Il sut faire naître et fortifier sa méfiance. Il le travailla si bien qu'il le troubla complètement et l'exaspéra contre la Marquise. Ce mari égaré s'emporta. Il devint de plus en plus sombre et rude. Il la querella et l'outragea sans vouloir écouter une raison d'elle. Sa mauvaise humeur empirant tous les jours, il en vint à la maltraiter.

L'Abbé, s'applaudissant du succès de ses intrigues, entretenait et excitait les sentiments de ce forcené, et le poussait à de telles violences qui le vengeaient des mépris dont la Marquise l'accablait. Il savourait cette vengeance en attendant d'assouvir d'autres passions. Quant à la victime, elle n'essayait plus de dessiller les yeux de son époux mis en démence par la jalousie. Elle savait qu'elle ne serait pas écoutée.

Après avoir soulevé de tels orages, l'Abbé espéra qu'il réduirait sa belle-sœur à cesser toute résistance. Il voulut s'en assurer. Quelque soin qu'elle mît à l'éviter, il la joignit dans son jardin où elle se promenait. « Hé bien! Madame, lui dit-il en l'abordant, serons-nous toujours brouillés ? et tandis qu'il est si aisé de me gagner et de régner sur votre mari, vous obstinerez-vous à me persécuter ? » Qu'avait-elle à répondre pour témoigner plus éloquemment encore qu'elle ne l'avait fait, toute l'immensité de son mépris? Elle l'écouta tranquillement et lui tourna le dos.

X. Crème empoisonnée.

Il survint, peu de temps après, un grave évènement bien propre à jeter du jour sur cette étrange et périlleuse situation, et cela malgré le mystère qui l'enveloppa, ou plutôt à cause de ce mystère même. A la suite d'une collation que l'Abbé avait fait servir (d'après F. d'Urban), la Marquise fut fort incommodée, ainsi que ses filles de service, pour avoir mangé d'une certaine tarte à la crème dont ses beaux-frères n'avaient pas goûté. Comme il en restait un peu. on la fit examiner, et on y constata la présence d'arsenic, en trop petite quantité, il est vrai, pour donner la mort, surtout dans un aliment qui lui sert d'antidote en quelque mesure, mais suffisamment pour travailler beaucoup. Cette dame se souvint alors. est-il raconté, de l'horoscope qu'elle s'était fait dresser à Paris par un fort habile homme [25], d'après lequel elle était menacée de mourir de mort violente, de la main de quelqu'un de ses proches. Cette aventure fit grand bruit à Avignon, et on en parla beaucoup pendant plusieurs jours. Dans ces graves conjonctures, M. de Ganges garda un calme étonnant. Il ne fit aucune enquête, il laissa au temps le soin d'assoupir cette triste affaire, au lieu de s'émouvoir et de faire ses efforts pour assurer sa sécurité ainsi que celle des siens. Or il est à remarquer que si sa femme avait succombé, il avait la jouissance de ses biens, et cela jusqu'à l'émancipation des enfants, car elle n'avait pas encore fait ce testament que la prudence lui dicta plus tard [26]. L'indifférence du mari en un pareil moment donnait des doutes sur son compte, d'autant plus qu'il s'était abstenu, lui et ses frères, de cet aliment empoisonné. Lorsqu'eut lieu le second crime, on resta convaincu de sa culpabilité dans les deux cas.

Tout cela aurait dû réveiller au plus haut point la méfiance de la Marquise. Elle aurait dû être fort alarmée et comprendre que si l'on en voulait à son honneur, il s'en trouvait aussi autour d'elle qui en voulaient à sa vie. Ce fut le contraire. Elle aima mieux croire à la malice de quelque ennemi caché, ou à la distraction de quelque domestique ayant confondu l'arsenic avec le sucre, et elle n'attacha aucune importance à cet évènement. Elle en faisait volontiers un sujet de plaisanterie dans les conversations.

Cela paraît étonnant au premier abord. Mais une étude attentive de l'âme humaine permet pourtant de l'expliquer. C'est que l'on ne veut pas croire au mal, du moins à ses manifestations extrêmes. On ne veut pas, on ne peut pas sonder les effrayants mystères de cette âme, concevoir les abominations qui peuvent en sortir, même quand celles-ci commencent à passer dans le domaine des faits. De là, pour beaucoup de gens, une folle sécurité qui croît même avec le péril. C'est elle qui fait souvent la force des méchants, et permet à leurs sinistres projets d'aboutir. Ce fatal aveuglement n'atteint pas seulement les esprits vulgaires. Il est parfois le propre des plus nobles et des plus distingués. La plus vive intelligence ne met pas à l'abri de ses funestes effets. On ne doit donc pas expliquer cette quiétude de la Marquise dans cette terrible situation, par un manque d'intelligence, comme on a été tenté de le faire parfois. Elle était fort bien douée sous ce rapport, ainsi que nous l'avons dit. Mais en face d'une scélératesse comme celle qui travaillait autour d'elle et pour sa perte, elle était comme fascinée. Des entreprises aussi audacieuses lui échappaient par leur audace même; l'énormité de l'attentat voilait pour elle l'attentat. Elle était en butte à la calomnie, aux obsessions coupables, aux mauvais traitements. Mais être odieusement mise à mort par les siens, empoisonnée par son mari, cela, malgré l'horoscope, lui paraissait impossible. Nature bonne et confiante, elle ne pouvait croire à de telles horreurs.

Cependant elle n'était pas toujours exempte de crainte et de trouble, car elle savait, à n'en pouvoir douter, que la famille de M. de Ganges ne renfermait guère d'amis pour elle. Aussi ses inquiétudes se réveillaient-elles avec force lorsqu'il s'agissait d'aller à Ganges. Les difficultés qui éclataient dans le ménage venaient souvent à propos de ce voyage qu'elle faisait toujours à contre-cœur. C'était là évidemment plus que l'effet de l'attachement qu'en général on a pour son pays. Il y avait en elle comme le sûr pressentiment des malheurs qui devaient l'y frapper.

XI. Mort de M. de Nochères.

Vers le temps de ce premier empoisonnement [27], mourut son aïeul M. de Nochères qui, par testament du 30 mars 1663, l'institua héritière. Assurément il n'ignorait pas plus que la famille, le désaccord profond qui régnait entre elle et son mari, la dureté avec laquelle celui-ci la traitait, le désir violent qu'il avait de la tenir dans son château où il la tourmentait comme à plaisir. Probablement même il avait compris ou su ses vues intéressées, sa cruelle rapacité, les projets plus ou moins mauvais qui pouvaient germer dans son esprit. Il est permis d'en juger d'après ce fait : il institua sa petite-fille héritière sous condition expresse qu'elle n'habiterait ni à Ganges ni dans aucune autre terre qui en dépendît, ni même en quelque lieu que ce fût du Languedoc. Il avait donc pris toutes ses mesures, fait tout ce qui dépendait de lui pour la fixer dans sa ville natale. Il s'était appliqué à lui trouver une bonne raison pour se tenir loin d'un pays où elle était exposée à bien des ennuis, et même à des dangers. Du reste cela favorisait singulièrement ses inclinations, car, comme nous avons dit, elle craignait mortellement d'y aller.

Cet héritage ne tombait pas aux mains du Marquis. C'était un bien dit *paraphernal*. Selon le droit romain, étant venu après le mariage, il ne faisait point partie de la dot, et la femme en avait, non-seulement la jouissance, mais la libre disposition, en sorte qu'elle pouvait, par exemple, l'attribuer à qui bon lui semblait, par donation ou par testament. Son mari même ne pouvait le gérer qu'en vertu d'une procuration.

Cette succession de cinq cent mille livres environ mit la Marquise en relief et sembla exercer une heureuse influence autour d'elle. Son mari eut plus d'égards pour elle, au moins extérieurement. L'Abbé lui avait fait entendre qu'il fallait ménager une femme qui disposait de tels biens et jouissait d'une telle position. Il se montra, lui aussi, plus respectueux, et le Chevalier n'eut garde de faire autrement que celui dont il était en tout la copie. Mais cette considération si vite manifestée, cette manière de faire plus honorable ne donna pas le change à la Marquise. Elle sentait que le cœur de ses ennemis était toujours le même. Comprenant que ces tardifs égards ne lui étaient accordés qu'à cause de sa fortune, elle ne changea point de conduite et se montra prudente et réservée.

Elle aurait eu grand tort en effet de se laisser aller à la joie et à l'espérance. Son mari était toujours dominé par la jalousie la plus amère. De plus il avait conçu ou fortifié en lui une autre affreuse passion. Sa cupidité s'était réveillée : il convoitait ces richesses. Devait-il accueillir moins favorablement les accusations calomnieuses ? Allait-il être moins zélé à favoriser l'œuvre de la malice ? éprouver moins le désir de se débarrasser d'une épouse, objet d'une haine aussi aveugle qu'injuste, et dont la mort pouvait l'enrichir tout d'un coup ? Ainsi l'Abbé avait un second ressort à faire jouer, un second moyen de l'irriter contre sa victime. Plus que jamais il avait le pouvoir de travailler à la perte de cette dernière, si elle persistait à lui résister. Il avait d'ailleurs grand soin d'entretenir entre ses deux frères une complète entente, les meilleurs rapports, afin qu'ils fussent toujours sous sa main comme des instruments dociles pour ses projets.

XII. Testament d'Avignon.

Les inquiétudes de cette dame étaient loin d'être dissipées, en particulier relativement au séjour de Ganges et aux intentions de son mari. Elle avait appris en secret que si elle allait demeurer dans les terres de celui-ci, on l'obligerait par la force ou la crainte à disposer de ses biens pour lui [28]. Elle sentit donc le besoin de prendre ses précautions pour rendre inutiles les machinations qu'on préparait contre elle. Elle résolut de faire son testament de telle manière qu'on ne pût en éluder les dispositions. Sans rien dire à son mari, elle fit d'abord la déclaration suivante :

« L'an 1664 et le 19 mai, par devant monsieur le « vice-gérent, dans le couvent des Prescheurs et « chapelle de Panisses, madame Diane de Joannis de « Châteaublanc, femme en secondes noces de mes- « sire Charles de la Tude, seigneur de Ganges, « déclare nuls, invalables et pour non faits et de « nulle force, vertu et efficace tous les contrats « qu'elle pourra faire à l'avenir, de vente, cession, « obligation, ou bien de donation entre vifs, ou dis- « position de dernière volonté, tant par testament, « codicile que autrement, et qu'ils soient censés faits « par crainte, force et violence, fors et excepté qu'en « tels actes et dispositions il y ait la clause suivante: « *Sancta Maria, ora pro nobis.*

« Fait ez présences de monsieur Julian Laget, pra- « ticien, habitant d'Avignon, et de révérend père « Michel Gervais, sous-prieur dudit couvent; Félix « Guy, notaire. »

Le même jour et au même lieu, par devant le même notaire, en présence des deux témoins ci-dessus nommés et de cinq autres religieux, cette dame fit son testament par lequel, après divers legs pieux, elle donna à sa mère mille francs une fois payés, et de plus une pension viagère de la même somme. Elle nomme son fils Alexandre héritier universel, et, après lui, ses enfants mâles auxquels elle substitue les autres mâles qu'elle pourra avoir, et, après eux, l'aînée de ses filles, substituant les descendants mâles de sa fille à ceux de son fils. A vingt ans il devait entrer en jouissance. Elle donne 600 livres à chacun de ses enfants, 30,000 livres à sa fille aînée, lors de son mariage. Elle confie l'administration de ses biens à sa mère, ne laissant à son mari qu'une pension annuelle de 2000 livres, lui ôtant d'ailleurs la faculté de recevoir aucun profit ou avantage de son héritage, ou de troubler son fils dans la possession et la jouissance de ses biens [29].

Il est facile de comprendre, d'après ces dispositions testamentaires, quels étaient les sentiments de la Marquise. Elle voyait la rapacité de son mari qui convoitait sa fortune, et elle prenait ses mesures pour l'arrêter. Cependant elle ne l'oubliait pas. Elle voulait le traiter honnêtement en lui donnant les moyens de vivre honorablement. Si elle n'avait pas beaucoup d'estime pour lui au fond du cœur, elle voulait avoir encore devant le monde, une certaine considération.

Ce testament dut d'abord rester secret. La Marquise, par suite de cet héritage qu'elle avait acquis, eut plus d'indépendance et jouit de plus de considération, chez elle ou au dehors. Ses chagrins furent adoucis. Son sort paraissait assuré et elle avait, pensait-elle, le moyen d'imposer au besoin le respect. Il y eut comme une détente dans la famille, l'Abbé s'abstenant sans doute pour le moment d'intrigues directes, et se tenant en observation pour voir comment il pourrait tirer le meilleur parti de la situation. Le résultat de cette pacification apparente fut le projet de baptiser solennellement leur fils âgé de plusieurs années. (Voir ci-dessus p. 22.) Ce fut le cardinal-légat d'Avignon, Chigi, neveu du pape Alexandre VII, qui fut le parrain. Il donna à son filleul le prénom d'Alexandre, sans doute en l'honneur du pape. Il alla le 7 septembre 1664, entendre la messe au couvent des Dominicains, et l'archevêque d'Avignon fit l'après-midi, à la place du curé, la cérémonie du baptême dans la chapelle du palais, où toute la noblesse se trouva. Chose étrange encore, il n'y eut pas de marraine. La Marquise en tint lieu ; après quoi il y eut une superbe collation pour les dames, suivie d'un grand bal [30].

Mais cette paix précaire ne pouvait durer. Elle fut bientôt troublée. Il dut survenir peu de jours après, ou tout de suite, de pénibles incidents. Peut-être le secret du testament fut divulgué, et la Marquise eut lieu d'être mécontente, très irritée. « Cependant, dit F. d'Urban, il paraît qu'elle fut maltraitée à cette occasion, ainsi que le prouve l'acte suivant qu'elle fit la même année. »

« L'an 1664, le 20 septembre, par-devant monsei-
« gneur excellentissime et révérendissime Alexandre
« Colonna [31], vice-légat et gouverneur-général en
« cette cité et légation d'Avignon, établie haute et
« puissante dame Diane de Joannis de Châteaublanc,
« femme de haut et puissant seigneur messire Char-

« les de la Tude, marquis de Ganges, seigneur de « Soubeiras, Cassillac, Molets, Saint-Martial et autres « places, gouverneur pour le roi du château et fort « Saint-André Villeneuve-lès-Avignon, laquelle a re- « montré à son excellence qu'elle est dans de gran- « des appréhensions d'aller à la ville de Ganges, « lieus dépandans et autres villes et lieus du Lan- « guedoc, ensuite des pressantes sollicitations dudit « seigneur de Ganges, son mari en façon qu'elle con- « naît que, si elle vient à résister à ses volontés et « refuser d'y aller, certainement elle sera maltraitée « et en danger évident de l'être tout le tems de sa « vie.

« Partant elle déclare à son excellence que, si elle « sort de la présente ville d'Avignon pour aller à « Ganges, lieus dépendans et autres villes et lieus du « Languedoc, ce ne sera que contrainte, forcée et « non de son gré, pure et libre volonté, mais « seulement pour éviter que ledit seigneur marquis « de Ganges ne la maltraite en cas qu'elle vînt à « contrarier à ses volontés, et sans qu'elle ait « jamais eu, ni veuille avoir aucune intention d'ha- « biter audit Ganges, lieus dépendans et autres villes « et lieus du Languedoc.

« Par ainsi étant dans une juste appréhension et « crainte révérencielle de ne faire les ordres de son « dit mari, proteste que, si elle va auxdits lieus du « Languedoc, ce ne sera que pour éviter les mauvais « traitemens et dangers évidens où elle serait expo- « sée, venant à résister et s'opposer à la volonté dudit

« seigneur marquis de Ganges son mari ; et dans « l'intention qu'elle a et veut conserver pendant « tout le tems de sa vie, de ne vouloir habiter en « ladite ville de Ganges, lieus en dépendans et autres « villes et lieus du Languedoc, sous quel prétexte « et pour quelles cause et occasion que ce soit, « ayant toujours eu la volonté, comme elle a de pré- « sent et aura à l'avenir, d'habiter hors desdits lieus, « conformément à la volonté de feu messire Melchior- « Jacques de Joannis, seigneur de Nochères, son « grand-père, en son dernier et valable testament, et « de s'en revenir desdites villes et lieus du Langue- « doc, au cas qu'elle soit contrainte d'y aller, lors « et quand elle sera dans sa liberté.

« De plus, proteste que, au cas qu'elle vînt à faire « quelques actes, contrats, tant publics que privés, « lorsqu'elle sera aux dits lieus du Languedoc, con- « trainte comme dit est, même devant des magis- « trats, en la présence ou absence dudit seigneur « marquis de Ganges son mari, en sa faveur, ou de « quelque autre personne que ce soit, entre vifs ou de « dernière volonté, soient nuls et invalables ; et tels « elle les déclare dès maintenant comme pour lors, « comme faits par contrainte et non dans sa liberté : « déclarant qu'elle veut seulement demeurer aux « actes et dispositions de dernière volonté, faites ou « à faire dans cette ville d'Avignon, ou autres lieus « du comtat ou ailleurs, fors que des susdits lieus du « Languedoc.

« De quoi a requis mondit seigneur excellentissime

« lui en concéder acte pour s'en servir en tems et « lieu, comme de raison, ce qui lui a été accordé par « mondit seigneur.

« Qu'a été fait dans le palais apostolique dudit « Avignon et chambre de son excellence, en présence « de noble Pierre de Serre et Joseph du Roure, du- « dit Avignon, témoins requis soussignés avec mon- « dit seigneur excellentissime et ladite dame, etc. »

On s'explique fort bien qu'elle ait fait cette déclaration en termes si précis et si forts. C'est une précaution qu'il était bon de prendre, à cause de la manière dont était formulé le testament de son aïeul, M. de Nochères qui ne l'avait établie héritière que sous condition en lui enjoignant expressément de rester à Avignon. En allant à Ganges, où l'on voulait toujours la traîner, elle courait risque de voir s'élever des difficultés, à cause de cette clause prohibitive. Il fallait les prévenir et montrer à l'avance que si elle faisait de si longs séjours hors d'Avignon, c'était malgré elle, et par l'effet de contrainte.

Il y a autre chose pourtant, et nous sommes loin du simple désir de rester dans son pays. Il y a même plus que l'intention d'imposer le respect par l'espoir du bien qu'elle pouvait faire avec sa fortune, et par la crainte d'encourir sa disgrâce. Il est clair que la Marquise entrevoyait l'abîme qu'on creusait sous ses pas. Son mari convoitait sa fortune et, en complicité avec les siens, il travaillait à se l'approprier. On allait de plus en plus l'obséder, la maltraiter. Elle avait à se tenir en garde contre leurs poursuites aussi ardentes qu'intéressées. A Ganges surtout on ne lui laisserait pas un instant de repos jusqu'à ce qu'elle eût cédé. Elle avait aussi à se tenir en garde contre ses propres faiblesses. Dans cette lutte inégale d'une femme contre toute une famille acharnée contre elle, elle pouvait succomber. Il fallait s'assurer contre ses propres défaites, déjouer à l'avance les manœuvres dont elle serait la victime. Elle confirma donc son testament de la manière la plus solennelle, et condamna à l'avance comme absolument nul et sans valeur, tout ce que, par ruse ou par violence, on lui arracherait sur les terres de son mari.

Elle avait certes raison, cette femme prudente et courageuse, de défendre son patrimoine par ce redoublement de précautions. Elle a réussi. Rien n'a pu détruire son œuvre d'Avignon et détourner ses suprêmes volontés. Mais pensait-elle qu'après l'avoir odieusement persécutée pour triompher de sa résistance, on allait se débarrasser d'elle par le fer et le feu du poison ! Quelle terrible position ! Si elle refusait d'accéder à ses rapaces solliciteurs, elle était tourmentée sans pitié ; et quand on croirait l'avoir dépouillée, on devait l'immoler pour rendre tout retour impossible. Vivre martyre et mourir assassinée, tel est son fatal avenir, auquel elle ne peut échapper. L'a-t-elle compris pleinement ? On ne sait. Mais on dirait bien qu'elle en a eu quelque sentiment, à en juger par l'angoisse que respire cette pièce officielle.

En tout cas elle avait appris à mieux connaître son mari, sa brutale avidité, peut-être à la suite d'une violente querelle soulevée par lui. Non-seulement elle ne pouvait plus l'estimer, mais elle ne pouvait plus avoir pour lui un reste d'égards, quelque faveur, comme le prouve le fait suivant. Dans le même temps [32], elle fit à son testament un codicille par lequel elle ôtait à son mari la pension de 2000 livres qu'elle lui avait précédemment constituée, lui défendant expressément d'avoir à s'occuper de son héritage ou d'en retirer un profit quelconque, ayant pourvu à l'administration de ses biens, jusqu'à ce que son fils eût atteint l'âge de vingt-cinq ans. Elle « n'entend qu'après son décès, le seigneur de Ganges « aye aucuns fruicts et jouissance de ces biens.... « voulant et entendant que les fruicts de son dict « bien et héritage soient perceuz par illustre dame « Laure de Rousset, sa mère, jusqu'à ce que le plus « âgé de ses enfants aye accompli l'aage de vingt- « cinq années, sans que le dict seigneur de Ganges, « son mary, en aye aucune disposition utile ou admi- « nistration, » etc.

Ainsi sa mère devait avoir l'usufruit jusqu'à ce qne le fils eût vingt-cinq ans.

Elle partit peu après. Probablement son mari l'avait précédée.

XIII. Voyage a Ganges en 1664.

« Tous ceux, dit M. Aragon (p. 31), qui ont eu la « pensée d'initier le public aux péripéties du drame « de Ganges ont cru que le départ de la Marquise « avait eu lieu après les protestations de 1664, qui « le faisaient en effet présager, tandis qu'elle ne « quitta Avignon que le 1er mai 1666. L'officier ano- « nyme du Languedoc, auteur de la narration publiée « à Arles, avait, le premier, confondu les deux épo- « ques, et ceux qui ont écrit après lui n'ont pas fait « différemment, sauf le comte de Fortia, qui relève « fort à propos cette erreur en mentionnant les actes « à leur véritable date. » Le testament est bien de 1664, et d'un autre côté, il est certain que la Marquise quitta Avignon en 1666. Mais est-il certain qu'elle soit restée dans cette ville durant ces deux ans? Nous ne le croyons pas. Nos anciens récits assurent qu'elle passait des années entières à Ganges, et que les deux époux partageaient leur temps entre les deux résidences. Il serait donc fort surprenant que le Marquis eût laissé sa femme faire un si long séjour à Avignon, d'où tous ses efforts tendaient à l'arracher. L'officier anonyme peut avoir des lacunes dans sa relation ; mais il n'est pas dans l'erreur lorsqu'il parle d'un départ pour Ganges en 1664. Son tort est de le confondre avec celui de 1666. Nous invoquons ici un document important et précis : la consultation de Pompon de Vecchis. « Le mois de septembre de la même année (1664) étant arrivé, dit-il, ladite dame de Joannis étant obligée par son mari de s'en aller à la ville de Ganges, elle déclara, de rechef avant de partir, le 21 septembre de la même année.... Le jour suivant, savoir le 22 du même mois de septembre, elle fit un codicille.... ce qui étant fait, et forcée de partir pour se rendre dans la maison de son dit mari.... » Rottini tient un langage pareil. Après avoir rappelé la protestation du mois de septembre 1664, il dit : « Ensuite la susdite dame Diane fut forcée de suivre son mari et d'aller avec lui au lieu de Ganges où elle demeura plusieurs mois. » Il nous paraît donc établi par ces témoignages qu'elle quitta Avignon en 1664, après ses solennelles déclarations. Elle séjourna à Ganges un certain temps, *plusieurs mois*, selon Rottini, puis revint à Avignon à une époque qu'il est impossible de préciser, mais qui doit être en 1665, puis repartit en 1666 pour Ganges d'où elle ne devait plus revenir en vie. Cette manière de voir résout bien des difficultés et n'en soulève aucune, pensons-nous. Ainsi le départ de 1664 aurait eu lieu en automne, comme dit Gayot de Pitaval, et celui de 1666 à la belle saison. A cette première date, on lui fit ce solennel accueil dont parlent tous les auteurs, et on lui témoigna en apparence beaucoup d'amitié. Or tout ceci ne peut absolument pas être placé en 1666, car, comme elle déclara tout éplorée à sa fille de service, Magdelaine

Choiselle, *depuis qu'elle était arrivée à Ganges, on la traitait si mal qu'elle était souvent menacée par M. de Ganges d'être empoisonnée* [38]. Voilà, si l'on n'admet qu'un voyage, une contradiction éclatante et que rien ne peut lever [34].

Enfin le jour du départ étant arrivé, la Marquise se mit en route avec ses enfants. *[Elle passa par Montpellier. A Saint-Martin-de-Londres, qui est à moitié chemin à peu près entre cette ville et Ganges, sa voiture versa et elle se fit mal au bras. Triste présage ! Néanmoins son arrivée sembla heureuse et propre à dissiper sa tristesse.]* On lui fit une magnifique réception. Il y eut pour elle des civilités et des démonstrations d'amour toutes extraordinaires. Madame de Ganges, sa belle-mère, qui était souvent à Montpellier, se trouva là pour lui faire de grandes amitiés, et elle feignit de répandre des larmes de joie [35]. Tous du reste s'efforçaient de paraître aussi aimables que possible. M. de Ganges dont l'humeur était extrêmement changeante, était alors fort enjoué, et il prodiguait les complaisances à sa femme. Les beaux-frères n'épargnèrent rien pour lui être agréables. Ils montrèrent le plus grand empressement et la plus grande courtoisie.

*[D'ailleurs on avait fait venir du dehors des personnes de distinction pour rendre plus solennelle la réception qu'on lui faisait. Ainsi une demoiselle de Roquefeuille [36] et le comte de Villefranche. Celui-ci resta six mois au château. Il eut tout le temps d'étudier ces personnages et de se rendre compte de leur

conduite. Il comprit les secrets et méchants motifs qui les faisaient agir ; il en conçut un profond mépris et se retira. L'Abbé de Ganges s'aperçut ou fut informé de ses sentiments, et il résolut de se venger. Il persuada à son frère, le Marquis, que ce comte avait fait la cour à Mlle Ambrosine de Roquefeuille, puis à la Marquise dont sans doute il avait plaint le triste sort, pour laquelle il avait témoigné de la pitié. Il l'excita tant et si bien que ce seigneur alla provoquer le Comte en duel à Nîmes et le tua.]*

Malgré ce magnifique accueil, malgré les apparentes cordialités qu'on prodigua à la Marquise, les dangers n'avaient point disparu pour elle. Au contraire, ils n'avaient fait que redoubler. L'Abbé, il est vrai, ne comptait plus la faire succomber à ses désirs. Soins empressés, amabilités, déclarations brûlantes, services rendus, tout avait été inutile pour la séduire, de même que les menaces suivies des plus tristes effets : trouble et malheur dans le ménage, outrages et mauvais traitements. Il avait épuisé ses ressources qu'il avait crues immenses et efficaces. Il n'espérait plus rien pour sa brutale passion, si ce n'est peut-être de la violence. Mais il en avait ressenti une autre non moins cruelle, la haine ; et il voulait travailler maintenant à donner à son amour-propre blessé une atroce satisfaction. Pour cela il fallait adopter un nouveau plan : gagner le cœur de la Marquise par de bons procédés et lui faire oublier toutes les tentatives précédentes. Une fois ce résultat obtenu, tout deviendrait facile.

Il se garda donc bien désormais, tout comme le Chevalier, de se présenter en amoureux. Ils savaient assez combien cette figure déplaisait à leur belle-sœur. Ils se maintinrent dans les termes de l'amitié la plus insinuante mais la plus respectueuse, gardant toujours dans leurs prévenances les dehors de l'honnêteté. Ils ne lui adressaient plus la parole qu'avec une irréprochable politesse, et ils faisaient régner la plus exacte convenance dans leurs rapports. Auprès d'elle ils paraissaient tout transformés. Désireux d'effacer les idées sinistres qui l'avaient troublée, de bannir les chagrins qu'elle avait éprouvés, ils s'efforcèrent de charmer sa solitude et de lui procurer tous les divertissements possibles. On multiplia les courses, les visites aux châtelains du voisinage, les parties de chasse [37]. On ne négligea rien pour lui rendre agréable ce séjour tant redouté, et pour adoucir le regret qu'elle pouvait avoir de l'éloignement de son pays et de ses plus chères amies. « Les trois frères, dit F. d'Urban, n'épargnèrent rien pour effacer les idées du chagrin que la Marquise avait éprouvé. Les termes d'amitié les plus insinuants, les dehors de l'honnêteté la plus prévenante, tout fut mis en usage pour lui inspirer une parfaite sécurité. » Or tout cela n'était que fausseté et mensonge. Ces tristes personnages jouaient impudemment leur rôle. Ils poursuivaient leur but intéressé. Pourtant cette conduite hypocrite finit par imposer à la Marquise qui parlait toujours le langage du cœur. Elle ne put se persuader longtemps que ses beaux-frères lui témoignaient ce qu'ils n'éprouvaient pas, et que leur amitié était feinte. L'affection est si douce aux âmes aimantes que même l'ombre et la simple image en est en quelque sorte chère, et qu'elle leur fait facilement croire à la réalité. Elle se laissa donc tromper en quelque mesure par ces vaines apparences, et crut qu'elle allait jouir de tranquillité et de repos. Elle espérait peut-être des jours riants. En effet, que pouvait-il désormais manquer à son bonheur ?

XIV. Érection du Marquisat de Ganges.

Ici se place un évènement important pour la maison qui nous occupe. La baronnie de Ganges fut érigée en marquisat [88]. M. de Ganges put régulièrement porter ce titre de marquis qu'on lui avait donné d'abord par flatterie, et qui s'était glissé même dans les actes officiels. Les lettres patentes de mai 1665 furent enregistrées en la Chambre des comptes de Montpellier, et au parlement de Toulouse en 1666. Probablement l'influence de la Marquise ne fut pas étrangère à l'acquisition de ce nouveau titre. Le roi qui avait connu *la Belle Provençale* comme Marquise, sans doute ne voulut pas qu'elle perdît son rang. Toutefois il ne pouvait invoquer pareil motif. Il allégua les services que les ancêtres de Charles de la Tude auraient rendus, et la belle conduite que lui-même aurait tenue dans les guerres de Catalogne et d'Italie. Ce surcroît d'honneurs dut amener quelque détente au sein de cette famille terriblement désunie. Du reste la marquise se montra encore généreuse : elle en paya les frais, au moins en grande partie, à ce que pense d'Urban.

XV. Retour a Avignon. Persécutions.

Comme nous l'avons montré, elle dut revenir à Avignon dans le courant ou vers la fin de 1665 [39]. Sans doute le soin de ses affaires ne lui aurait pas permis une trop longue absence. A cette époque avait-elle subi des obsessions ? Après avoir eu pour elle beaucoup de ménagement, avait-on jeté le masque et l'avait-on traitée avec rigueur dans ce séjour de Ganges, une fois qu'on s'était servi d'elle pour obtenir le titre de Marquis ? C'est fort possible, même probable. Mais nous manquons de données complètes et précises, surtout quant aux dates. En tout cas nous savons exactement quelle était la situation à Avignon, à la fin de 1665 ou au commencement de 1666. La déposition de Mlle Choiselle jette un grand jour là-dessus. Elle resta au service de la Marquise pendant environ un an, dont une partie avant le dernier départ d'Avignon pour Ganges, et une partie dans ce dernier endroit. Or, lorsqu'elle était à Avignon, sa maîtresse était extrêmement malheureuse. Elle était exposée aux plus cruels outrages de la part de son mari, et de la part de ceux qu'il encourageait directement ou indirectement. Celui-ci lui faisait des reproches en s'appuyant sur certaines lettres, peut-être anonymes, qu'il prétendait avoir reçues, étant aux états ; et il avait l'indélicatesse de le faire devant d'autres personnes qui avaient de mauvais sentiments comme lui. Ainsi la demoiselle Choiselle raconte qu'elle a entendu la dame Varie, en présence de son mari, de Varie, se joindre au Marquis pour accabler cette pauvre dame, lui disant « *qu'elle, par sa mauvaise conduite, s'attirait toutes ces choses-là, et qu'elle était une folle, une extravagante.* » Le sieur de Varie disait souvent à la même demoiselle, « *que s'il avait une femme telle que madame de Ganges, il la mettrait dans un cachot, la ferait jeûner au pain et à l'eau, et lui ferait donner les étrivières quatre fois le jour, et que ce serait la moindre grâce qu'il lui ferait.* » Avait-il dans la pensée qu'il l'empoisonnerait ? Il prétendait bien, quand ce témoin lui faisait des reproches, qu'il ne disait pas cela à d'autres. Mais il n'en tenait pas moins *souventes fois* ces atroces propos [40].

Or qui étaient ces diffamateurs si hardis de la Marquise. Qui étaient ces époux qui se permettaient de telles insolences ? Ils étaient justement de ceux qui auraient dû le plus la respecter. Ce Varie était le lieutenant du Marquis à la forteresse de Saint-André. Il déchirait ainsi par ses calomnies la femme de son gouverneur qui avait, pour ainsi dire, plein pouvoir sur lui ! Aurait-il tenu un tel langage s'il n'avait pas été sûr de ne pas lui déplaire ! Comment aurait-il pu se porter à de tels excès s'il n'avait pas eu même les encouragements de son maître? Sa conduite engage donc directement la responsabilité de celui-ci, et fait paraître son caractère sous le plus triste jour. Que penser en effet d'un seigneur qui trouve bon qu'un de ses inférieurs, un officier sous ses ordres, et la femme de cet officier, fassent rage contre son épouse, qu'ils la poursuivent même devant lui des plus grossières invectives, et ourdissent des trames pour porter atteinte à son honneur? Évidemment en effet, ils ne s'en tenaient pas à quelques paroles, et il n'est nullement improbable qu'ils écrivaient ou faisaient écrire ces lettres outrageantes contre la Marquise. Quand même elle aurait été infidèle et serait tombée dans les plus éclatants désordres, il aurait dû, lui, s'il avait été homme d'honneur, imposer silence à ce méchant couple, les punir même s'ils avaient osé parler d'une manière si peu convenable, si peu respectueuse. Mais cette dame étant innocente, comme nous le tenons pour certain, la conduite de ce lâche et cruel époux est tout ce qu'il y a de plus odieux. Au lieu d'arrêter l'envie, il l'excitait. Au lieu d'imposer silence à des amis malveillants ou perfides, à des *amies* comme Mme de Varie, il les écoutait complaisamment. Au lieu de s'indigner contre de méchants dénonciateurs, il les encourageait. On peut dire qu'il était l'âme de ce monde d'iniquité et de malice qui s'agitait autour de sa femme, se livrant à l'espionnage et à la délation.

Il ne nous est pas dit ce que répondait la Marquise

en butte à cette haine et à ces infamies, ni même si elle répondait. Mais assurément, sensible et bonne comme elle l'était, elle devait horriblement souffrir, si ce n'est que son caractère enjoué reprenait parfois le dessus.

Comme nous l'avons vu, des lettres adressées au Marquis absent, attaquaient l'honneur de la Marquise. Les époux Varie faisaient tous leurs efforts pour le perdre, accusant bruyamment cette dame de folie et d'extravagance. Or il fallait donner couleur à ces calomnies, il fallait alléguer de prétendus faits qui leur servissent de base. Quels pouvaient être d'une manière précise ces prétendus faits ? C'est sans doute ici le lieu de rapporter ce que nous avons appris par la voie indiquée (dans l'appendice).

*[Il y eut une grande soirée où l'on dansa. La Marquise s'y trouva naturellement en toilette de bal. Sans qu'elle s'en doutât, on lui fit prendre un fort narcotique, sous l'influence duquel elle tomba dans l'assoupissement. Alors par un escalier dérobé, on la descendit, ou fit descendre dans une cour. Là se trouvait une voiture prête. On l'emporta toujours accablée de sommeil à la campagne. Elle fut recueillie par une ancienne servante qu'elle avait eue à Ganges, nommée Rose. Elle passa ainsi la nuit dans cette ferme ou propriété champêtre. Le lendemain, quand enfin elle sortit de son lourd sommeil, elle dut rentrer dans Avignon. Mais elle se trouvait sans vêtements. Sa toilette avait été gâtée peut-être par la pluie. En tout cas il aurait été fort déplacé de

s'en servir. Elle emprunta les vêtements de cette campagnarde, et s'en revint ainsi probablement à pied. Mais ses ennemis étaient postés sur le chemin où ils avaient attiré du monde pour la voir arriver. Comme on pense bien ils ne se firent pas faute de lancer force quolibets et plaisanteries.

D'autres fois on organisait des courses, des parties de plaisir, ce à quoi l'Abbé en particulier s'entendait fort bien. Puis on s'arrangeait de telle sorte qu'on rentrait trop tard. Les portes de la ville étaient fermées. Cette dame était alors obligée de chercher un gîte, et de passer la nuit à la campagne. On comprend combien il était facile d'exploiter de pareils faits, de la faire passer pour folle et extravagante. On comprend combien il était facile à la malice de la représenter comme une coureuse, et de donner quelque apparence aux plus perfides accusations.

L'Abbé se livrait à des manœuvres d'un autre genre qui prouvent l'ingénieuse bassesse de ses sentiments. On se rendait à Beaucaire lors de la foire fameuse qui s'y tient, et qui, à cette époque plus encore qu'aujourd'hui, attirait une foule énorme. Il avait soin d'aller à l'avance retenir les appartements où il s'arrangeait de telle sorte que sa chambre était immédiatement au-dessus de celle de la Marquise, et il pratiquait un trou à son plancher pour pouvoir par là plonger ses regards.

Ce n'est pas tout. Il paraît qu'on essaya d'un autre moyen encore pour jeter du discrédit sur elle. Une fois on sut l'attirer dans un lieu écarté, sauvage, où se trouvait une sorte de retraite souterraine. Peut-être ne lui avait-on pas laissé soupçonner où on la menait. Or c'était l'endroit où s'assemblaient les protestants. On voulait dire ensuite qu'elle les favorisait, qu'elle avait un secret penchant pour leur doctrine, accusation très grave alors. L'édit de Nantes n'était pas matériellement révoqué; mais on peut dire qu'il commençait à l'être moralement. Déjà se préparait de loin cette grande et désastrueuse iniquité dont la France aura toujours à souffrir. Or montrer la Marquise favorable ou indulgente à cette cause, c'était la désigner à la haine du clergé si puissant alors, à la haine des gouverneurs et de toutes les autorités.surtout à la haine de la cour. C'était le moyen d'irriter ses parents, spécialement son mari contre elle, car il pouvait l'accuser de nuire à son avancement, ou à celui des siens, de détruire son avenir, de priver sa maison des faveurs royales ou même d'attirer sur elle des disgrâces. Du reste,on pensait sans doute par d'insidieuses questions, par des entretiens habilement menés, la mettre directement dans l'embarras. On connaissait son bon cœur et sa générosité. On savait, on pressentait que, tout en étant sincèrement catholique, elle n'entendait pas imposer un joug quelconque à ceux qui ne partageaient pas ses sentiments, et qu'elle n'approuvait pas les moyens violents pour les réduire. Donc elle serait amenée à lâcher en faveur des protestants quelque parole imprudente dont on pourrait tirer parti à son préjudice. On pourrait tourner contre elle les influences prépondérantes alors, tous les pouvoirs politiques et religieux. D'un autre côté si elle étouffait ses sentiments, si, voyant le piège qu'on lui tendait, elle réprimait sa nature généreuse et se condamnait au silence, à une froide réserve, on savait qu'elle en souffrirait, que son cœur serait douloureusement affecté. C'est ainsi que les pervers, avec une diabolique adresse, savent tirer parti de tout pour faire du mal aux objets de leur haine, et trouver même dans la noblesse de leurs sentiments les occasions de leur nuire.

La Marquise vit bien le piège qu'on lui dressait. Avec la remarquable droiture d'esprit et de cœur qui la distinguait, elle discerna les mauvais desseins de son entourage, et sut les réprimer, tout au moins les flétrir. Elle fit cette réponse digne d'être inscrite dans l'histoire en lettres d'or : « *Les protestants défendent leurs droits, et vous, vous outragez les miens.* »]*

On ne saurait trop admirer cette parole. Aujourd'hui elle aurait moins de valeur, parce que les temps ont bien changé, et que ces oppresseurs de conscience d'il y a deux siècles, au lieu d'être loués et encensés pour leurs crimes, en ont reçu une juste flétrissure. Mais alors ils régnaient souverainement. Loin d'avoir à craindre l'opinion, ils la dirigeaient et la façonnaient à leur gré. Les plus méchants préjugés passaient pour des principes incontestables, soit dans le peuple, soit parmi les grands. Pour s'élever au-dessus d'eux, il fallait une clairvoyance peu commune ou une force morale particulière. Aussi étaient-ils infiniment rares les esprits judicieux qui comme Vauban, Saint-Simon, ou même la reine Christine, retrouvant son bon sens, n'approuvaient pas les persécutions et déploraient la voie fatale où l'on s'engageait. Eux seuls sentaient qu'on allait faire à la France un mal irréparable, tandis que ce roi aurait pu lui faire tant de bien. *Les protestants défendent leurs droits*. La Marquise avait donc trouvé cette idée à la fois simple et grandiose qu'il y a un domaine intime où le pouvoir politique ne doit pas pénétrer, que *l'empire de la loi civile expire où commence l'empire indéfini de la conscience*, suivant un mot fameux prononcé bien plus tard. Dans sa haute raison éclairée, réchauffée par son cœur, elle déclarait absolument injustes les persécutions dirigées contre eux, les vexations que l'on multipliait.

Qu'on le remarque bien, elle ne demandait pas pour eux la *tolérance*, mot équivoque et mauvais mis à la mode par la philosophie incrédule du siècle suivant. Elle leur reconnaissait des droits. Ils avaient le droit d'avoir une conscience et d'en suivre les aspirations sur le terrain religieux. Ils avaient le droit d'adorer Dieu de la manière qu'ils croyaient la meilleure. Ils avaient le droit d'établir et de célébrer le culte qui leur paraissait le plus convenable, le plus approprié aux besoins de leur esprit et de leur cœur. Voilà comment cette noble femme s'élevait sans effort, portée par sa belle nature, aux conceptions les plus hautes et en même temps, redisons-le, les plus simples. Mais on le sait, ce sont celles-ci justement qui sont les plus difficiles à trouver et à conserver.

Admirons encore cette réponse à un autre point de vue. La Marquise se montre bien supérieure aux jansénistes qui affectaient pourtant une grande austérité, mais qui, par un côté, ont montré une déplorable inintelligence obstinée et une certaine bassesse de sentiments [41]. Ils étaient poursuivis avec autant de haine implacable par les pouvoirs qui voulaient détruire les protestants. Ces derniers se seraient volontiers rapprochés d'eux, voulaient leur témoigner de la sympathie. N'est-il pas naturel que les opprimés se rapprochent d'autres opprimés, qu'ils aient même l'ambition de leur donner et d'en recevoir de douces consolations ? Mais les jansénistes n'ont point répondu à ces avances. Ils se sont montrés, il ne faut pas dire sévères, mais durs, implacables pour eux. Ils ont applaudi les oppresseurs dont ils allaient avoir eux-mêmes tant à souffrir. Ils ont approuvé leur conduite brutale, cruelle. Leurs sympathies ont été, non pour leurs victimes, mais pour les bourreaux dont ils étaient eux-mêmes victimes. Eh bien ! la Marquise ne s'est pas laissée aller à cette stupide injustice. Elle s'est montrée autrement courageuse et a fait preuve de sentiments élevés. Mise, pour ainsi dire, à côté des opprimés, elle ne les repousse pas et ne fait point d'efforts pour séparer complètement sa cause de la leur. Elle ne leur refuse pas sa sympathie, tout au contraire. Elle ne tient pas à être avec les forts, elle ne sacrifie pas sa dignité pour avoir leur faveur. Ils sont ses ennemis à elle aussi. Au lieu de leur adresser des flatteries, de tâcher d'apaiser en quelque mesure leur malice par quelque amabilité, de se faire bien petite devant eux, elle se redresse fièrement et leur jette vaillamment à la face cette condamnation qui pèsera sur eux à toujours : « *Vous outragez mes droits.* » Cette sorte de solidarité qu'elle accepte avec les persécutés, n'est-elle pas la preuve d'une héroïque vaillance, d'autant plus louable qu'elle est humble et candide, qu'elle s'ignore elle même, d'autant plus belle qu'elle pouvait avoir et eut sans doute pour elle des conséquences douloureuses. Elle savait en effet que cet acte de courage ne lui ferait pas de bien autour d'elle, et que, loin de lui attirer des éloges, il contribuerait encore à troubler son existence, et pourrait précipiter ses malheurs.

Ainsi poursuivie avec un diabolique acharnement, par une malice que rien ne lassait, pouvait-elle faire toujours bon visage à ce mari qui, au lieu de la protéger, attisait contre elle le feu de la haine? Pouvait-elle toujours garder son calme? « Les esprits s'aigrirent de part et d'autre, dit F. d'Urban (p. 38); et le Marquis craignant peut-être que son ressentiment n'allât trop loin dans une ville où il était trop à découvert, partit seul pour Ganges.

XVI. Pressentiments.

Invitée à s'y rendre elle aussi, elle fut plus que jamais assaillie de terreurs mystérieuses, de lugubres pressentiments. Elle sentait que sa position déjà si triste, deviendrait bien plus triste encore dans cette lointaine résidence, où elle se savait entourée d'ennemis, livrée sans protection à ses persécuteurs. On pense que l'Abbé dut employer tous ses artifices pour la décider à faire ce voyage plus que jamais redouté. Elle s'y laissa enfin entraîner malgré son invincible répugnance, et promit de partir au printemps.

Cependant poursuivie par les plus sinistres pensées, elle fit ses préparatifs comme si elle ne devait plus revenir, comme si elle devait bientôt quitter ce monde. Elle fit des libéralités aux pères Augustins déchaussés dans l'église desquels elle avait un tombeau de famille. Elle eut encore une étrange précaution. Elle s'était réservé dans le fond de sa cassette une vingtaine de pistoles qu'elle prit soin d'aller, avant son départ, distribuer à quelques religieux, et notamment aux Récollets d'Avignon pour faire dire des messes, avec cette exacte recommandation de prier Dieu pour elle, qu'il plût à sa divine providence de lui faire la grâce de ne pas mourir subitement et sans le secours des sacrements de l'Église, quelque part qu'elle fût. Elle exprima son désir d'une manière si touchante, avec tant d'ardeur et de véhémence qu'on aurait dit qu'elle était convaincue de la prochaine nécessité de cette recommandation, et qu'elle prévoyait le malheur où elle allait périr. Ses plus chères amies et toutes les personnes de sa connaissance attestèrent que jamais, en se séparant d'elles, elle n'avait versé tant de larmes et ne leur avait témoigné tant d'affection. Elle semblait faire des adieux éternels. Elle avait une expression et des termes si émus qu'en la voyant et l'entendant on se sentait à la fois surpris et attendri, et qu'on ne pouvait se défendre d'une profonde tristesse.

Enfin le 1er mai 1666, elle se mit en route avec ses enfants et le reste de sa famille. Sa fille de chambre, la demoiselle Choiselle qui était de Paris, et pour qui elle avait beaucoup de confiance, ne put l'accompagner. Une maladie la retint un mois à Avignon.

XVII. Dernier voyage a Ganges. Redoublement de persécutions.

Comment fut-elle reçue et comment se trouva-t-elle dans ce château dont la vue, à son arrivée, l'avait remplie d'effroi ? La demoiselle Choiselle nous l'apprend avec précision. Dès qu'elle parut devant sa maîtresse, celle-ci, avant de parler, lui sauta au cou tout éplorée et lui dit que depuis qu'elle était arrivée, on la maltraitait extrêmement ; même que son mari la menaçait *souvent* de l'empoisonner. Trois ou quatre jours après, elle eut l'occasion de constater la vérité de ces plaintes. Se trouvant dans l'antichambre quand le Marquis était au lit auprès de sa femme, elle l'entendit faire des reproches à celle-ci de ce qu'elle l'avait maltraité en faisant son testament d'Avignon, lui déclarant que si elle ne le changeait, il l'empoisonnerait, l'enfermerait entre quatre murs et la ferait mourir, et ne reviendrait jamais à Avignon [42]. Elle l'entendit du reste plusieurs autres fois revenir avec aigreur sur ce sujet et répéter ses menaces, de lui faire prendre du poison, de l'enfermer entre quatre murs pour la faire mourir, si elle ne cassait son testament et ne le refaisait. Il ne manquait pas de lui adresser des reproches d'un autre genre, et de l'attaquer évidemment sur sa conduite qu'il prétendait légère. Elle les repoussait de toutes ses forces. Du reste on peut remarquer qu'elle a toujours protesté de son innocence jusqu'à son dernier soupir.

M. de Ganges partit quelque temps après. Mais il avait donné charge à son frère l'Abbé de la garder. Il lui commanda à elle-même d'obéir à ce dernier, lui déclarant que si elle ne se soumettait pas à ses ordres, et qu'elle voulût aller dans quelque endroit contre le gré de ce frère, il avait l'ordre de la faire mettre dans une tour du château.

Avant son départ, on a tout lieu de le croire, il tint avec ses deux frères un conseil où furent prises les plus affreuses résolutions [43]. Nous pouvons avec une grande probabilité, approchant de la certitude, nous en rendre compte.

Nous connaissons leurs sentiments. Ils avaient en commun une haine implacable contre la Marquise. L'Abbé l'avait inspirée à tous pour se venger de ses mépris. N'ayant pu la vaincre, il nourrissait le projet de la faire mourir. Il n'avait point d'efforts à faire pour entraîner le Chevalier. Le Marquis abusé partageait cette haine contre sa femme pour des motifs fort différents, comme on sait. Il voulait la supposer infidèle. Mais, selon notre observation, peut-être y avait-il en lui d'une manière inconsciente cette autre espèce de jalousie qu'éprouvent les âmes basses pour les natures supérieures. De plus il s'agissait d'une magnifique fortune qu'il convoitait. Il devait sans doute en faire part à ses frères ; tout au moins devait-il leur assurer des récompenses en rapport avec leurs infâmes services. Ils allaient le débarrasser d'une femme détestée, après lui avoir fait révoquer son testament, ce qui le mettrait tout d'un coup en possession de ses richesses.

Il fallait donc qu'elle disparût à tout prix. C'était l'ardent désir de tous. Naturellement l'exécution de ces desseins devait avoir lieu au château de Ganges. Dans ce manoir, dans ce petit bourg ils étaient tout-puissants. Il leur était bien facile de commettre un pareil forfait sans bruit, mystérieusement, sans que personne, pour ainsi dire, osât exprimer le moindre soupçon. Quant au moyen, le poison était tout indiqué. En effet, il ne laisse pas de traces trop apparentes, tandis que le poignard et le pistolet pouvaient facilement révéler l'attentat par le sang répandu. Il fallait éviter, si possible, ces marques embarrassantes, accusatrices. Ce qu'il fallait éviter encore, c'était une lutte corporelle qui n'aurait pas été exempte d'inconvénients ou même de dangers. Il était bon de déterminer la victime à prendre elle-même le poison, en lui proposant le choix entre différents genre de mort. On pouvait tenir pour très probable qu'elle le choisirait et l'avalerait sans résistance, si elle se voyait irrévocablement condamnée à mourir. Cela se comprend sans peine. On a plus de chance pour échapper à ses effets que bien des circonstances peuvent amoindrir. On peut aussi le rejeter et annuler ces derniers, ou bien encore y résister. La Marquise avait subi deux tentatives d'empoisonnement, et elle n'avait pas succombé. Elle en avait été quitte pour être incommodée. Elle pouvait espérer que sa robuste constitution lui permettrait encore d'en échapper. Seulement on prendrait bien ses mesures pour que cet espoir fût illusoire, et l'on saurait arranger un tel poison que ses ravages seraient terriblement rapides et irréparables.

Du reste les conspirateurs avaient un précieux auxiliaire qui dans cette circonstance devait leur rendre les plus signalés services. Le prêtre Perrette assisterait l'agonisante et écarterait tout témoin importun. On la porterait vite en terre, et lui ne manquerait pas de dire et d'attester qu'elle était morte de mort naturelle et subite. Son témoignage aurait une autorité incontestable.

Ainsi le coup ne pouvait manquer de réussir, et par là tous atteindraient leur but. Si quelque chose transpirait, le Marquis absent, se croyant à l'abri de toute accusation, couvrait ses frères et les tirait facilement de peine. Si, par impossible, ils étaient compromis, il avait bien des moyens de leur assurer l'impunité. Il pourrait les cacher et les dérober à la justice. En faisant les pires suppositions, s'ils étaient obligés de fuir, il les soutiendrait secrètement de son argent et de son crédit, et il leur permettrait, grâce à l'argent qu'il leur fournirait, de mener l'existence la plus agréable. Mais comment admettre qu'on osât attaquer sa famille, quand lui la protègerait?

Pour savoir quelle fut la vie du château après le départ du Marquis, nous n'avons qu'à consulter la précieuse déposition de la demoiselle Choiselle. La Marquise ayant voulu aller en deux ou trois endroits, l'Abbé s'y opposa. Elle se plaignit qu'ils étaient bien cruels de la tenir ainsi prisonnière, à quoi l'Abbé répondit qu'elle savait bien l'ordre qu'il avait de son frère, et que si elle ne lui obéissait pas, il la ferait mettre dans la tour. Du reste des rapports pleins de perfides insinuations, ou d'accusations malveillantes partaient de Ganges et allaient exciter le courroux du Marquis. Celui-ci ne manquait pas d'écrire pour faire éclater sa mauvaise humeur. Il prétendait au sujet d'un jeune homme « qu'il était toujours avec elle. » Nous pensons qu'il s'agit du fils d'une veuve, dont la compagnie lui était agréable, sans doute à cause de sa tournure d'esprit ou de son caractère jovial. Elle lui permettait de s'asseoir à côté d'elle et de l'entretenir, sans qu'aucune vue coupable se mêlât à ces innocentes relations. Mais c'était là une précieuse matière à récriminations, et un magnifique prétexte pour l'accabler de méchantes accusations ; « auxquels reproches la dite dame de Ganges répondait que telles choses qu'on lui avait écrites n'étaient pas véritables, et que pour lui faire connaître qu'il ne se faisait aucune chose, quand il irait dehors il la fermât dans une chambre avec du pain et de l'eau. » C'est probablement à cette époque qu'elle écrivit les deux lettres sans date rapportées par Fortia d'Urban.

PREMIÈRE LETTRE ÉCRITE PAR LA MARQUISE DE GANGES A SA MÈRE.

Madame ma bonne et chère mama,

« Voici une misérable qui se jette à vos piés pour vous demander votre assistance. Vous verrez dans la lettre que j'ai écrite à M. de Joannis le sujet de tout ce qu'ils me font : mais ce n'est qu'un prétexte pour me traiter de la sorte. Hier au soir, monsieur l'abbé son frère me dit qu'au retour de son frère, l'on m'ôterait toutes mes filles, et que je prisse garde de marcher droit, que sur la moindre chose son frère me ferait mourrir. Je suis toute résolue ; mais, je vous prie, ma chère mama, de faire bien valoir le testament que j'ai fait chez M. Gay le notaire en votre faveur, et une déclaration que je fis, devant M. Colomne, vice-légat. M. Aubert a été le notaire : car je sais fermement que le poignard à la gorge, l'on me fera signer des contrats ; mais je vous assure, ma bonne mama, que tous ceux que l'on vous montrera, seront été faits par force. Si vous parlez que je vous aye écrit, l'on me fera la dernière rigueur. Voyez avec M. de Pérussis ce que vous devez faire pour moi. Ne m'abandonnez pas ; ayez pitié de moi, qui suis avec respect et mon cher oncle votre servante et très-obéissante fille. »

Cette lettre laconique, malgré sa brièveté, dit beaucoup. Elle dépeint d'une manière saisissante l'horrible situation où se débat la Marquise. Elle est si malheureuse qu'elle s'est familiarisée avec l'idée de la mort. Elle l'envisage avec fermeté comme une chose toute probable et prochaine. Elle est en butte à d'incessantes persécutions de la part de son entourage. Or dans leurs perfides accusations contre elle, dans leur méchante conduite, elle distingue très-nettement un prétexte et une secrète raison. Le prétexte est évidemment ce qui nous est rapporté par la demoiselle Choiselle, *qu'il est toujours avec elle.* On incriminait d'honnêtes relations que du reste il aurait été facile d'empêcher. En effet, on lui défendait de sortir : à plus forte raison pouvait-on interdire à ceux du dehors l'entrée du château. Pourtant on ne le faisait pas, et ainsi on avait une ombre de raison pour la dénigrer et la déchirer. Mais le vrai motif pour lequel on la tourmentait, c'est qu'on voulait à tout prix lui faire signer des actes, des testaments avantageux à la maison de Ganges. On saurait colorer ces manœuvres, masquer cette odieuse intrigue; mais on lui mettrait au besoin *le poignard à la gorge*, elle n'en pouvait douter. Comme elle résiste, l'Abbé la menace de nouvelles rigueurs, et, dépassant toute mesure, malgré sa prudence habituelle, lui déclare en propres termes que son frère la fera mourir, et cela sur la moindre des choses. Quelle atmosphère de haine et de malice elle devait respirer! Comme on sent que cette haine éclatante, dont les trois frères sont animés, et qui se manifeste si volontiers par des menaces de mort, arrivera facilement à tous les crimes! Mais, pour elle, elle tient bon. Elle est inébranlablement résolue à défendre son bien contre les êtres rapaces et sans cœur qui veulent s'en emparer. Ils ont beau lui faire subir les plus durs supplices; elle ne permettra pas qu'ils retirent quelque avantage de leurs odieuses menées. Elle recommande à sa mère de faire valoir le testament d'Avignon, sans oublier la très ferme et très explicite déclaration qui le confirme.

Citons un passage de M. Aragon qui cette fois à trouvé la note juste (p. 36) : « La malheureuse femme devait expier cruellement les dons de la fortune et de la beauté! Il est triste de la voir en butte au dépit des uns, à la malveillance envieuse des autres, toujours exposée aux accès de jalousie de son mari, et circonvenue de tous côtés par ceux dont la convoitise visait son opulente succession. On lui demandait prématurément de faire ses dispositions à cause de mort, tandis que sa jeunesse et sa riche nature semblaient lui promettre de longs jours. »

La Marquise avait fait connaître sa triste situation à son oncle, M. de Joannis ; elle implorait en outre le secours de sa mère, tout en lui recommandant le plus rigoureux secret. Elle lui demandait de s'entendre avec M. de Pérussis [44] pour lui apporter quelque soulagement. Assurément madame de Rossan, tout affligée de ces nouvelles, s'empressa de faire les démarches opportunes, et cela avec la plus entière discrétion. Elle ne manqua pas de voir cet ami de la famille et de le mettre au courant de tout. Celui-ci probablement parla à M. de Ganges qui, en tout cas, fut informé plus ou moins de ce qui se passait, de ce qui se disait touchant les mauvais traitements endurés par sa femme en son château de Languedoc. Naturellement il en conçut le plus violent dépit. Mais le secret ayant été soigneusement gardé sur la source de ces informations, il ne savait à qui s'en prendre. Il dut croire que sa femme avait envoyé des gens exprès à Avignon pour les apporter. Aussi ne put-il contenir sa fureur. Il écrivit, soit à l'Abbé, soit à Perrette pour exhaler sa méchanceté, et pour donner des ordres sévères, afin qu'on surveillât plus activement que jamais les relations de la Marquise. On devait donner une attention particulière à ceux qui venaient du dehors et que l'on pouvait soupçonner de travailler pour les intérêts de celle-ci. L'Abbé, en effet, redouble de méfiance et de sévérité. Il va jusqu'à menacer du bâton ceux qui lui inspirent de la méfiance. Cette situation devient tellement affreuse que la Marquise, pour trouver quelque repos, désire être mise au couvent, ou demande que son mari achève de lui ôter la vie.

SECONDE LETTRE DE LA MARQUISE A SA MÈRE.

Madame ma chère bonne mama.

Depuis vous avoir écrit,j'ai appris que M. de Ganges écrit à M. son frère l'abbé ou à M. Perrette, qu'il est dans la dernière colère contre moi, dans la croyance qu'il a que j'ai envoyé des hommes exprès en Avignon, et qu'il est toujours plus animé contre moi. Je vous prie, ma chère mama, de lui dire qu'il ne se doit pas emporter sans bien savoir la vérité. Cependant M. son frère a fait menacer de coups de bâton des personnes qu'il croyait qui étaient dans mes intérêts, comme si ceux de son frère n'étaient pas les miens. En vérité cela m'est bien rude. Si M. de Ganges veut vivre de cette façon, tâchez qu'il me mette en religion, ou bien qu'il achève de m'ôter la vie : car aussi bien elle m'est insupportable d'être dans tous ces tracas. Au nom de Dieu, mama, priez-le de faire l'un ou l'autre et de me croire avec passion, Madame ma chère mama, votre très-humble et très-obéissante fille et servante.

DIANE DE ROUSSANS.

On comprend combien cette mère dut être alarmée d'une telle tettre. Sans doute elle pressa M. de Pérussis d'intervenir et de prendre des mesures capables d'adoucir un si triste sort. Peut-être elle n'ose se rendre elle-même à Ganges, ou craint que son arrivée ne produise l'effet opposé à celui qu'elle voudrait. Enfin cet ami se décide à partir. Mais il n'est pas seul. Le Marquis part avec lui. Il a tenu évidement à détruire ses mauvaises impressions, à se défendre contre les accusations portées contre lui, à justifier celles qu'on porte contre sa femme.

M. de Pérussis passa sept ou huit jours à Ganges. Nul doute que ces jours ne fussent bien employés par la famille de Ganges pour se disculper et jeter par leurs calomnies toute espèce de tort sur leur victime. L'Abbé, croyons-nous, déploya toutes ses finesses pour tromper cet hôte incommode. Avec son art de persuader, avec ses manières insinuantes, il s'attacha à lui montrer les choses sous un jour favorable. La Marquise était, disait-il, imprudente. Il fallait la reprendre et même la gronder sévèrement pour la préserver des dangers qu'elle courait. Malheureusement elle s'obstinait à ne pas écouter les avis de la sagesse et de l'expérience. Mais ses plaintes n'avaient pas de fondement, et ses malheurs, exagérés par son imagination troublée, n'avaient d'autre cause que son obstination et son caractère inconsidéré. Du reste, pour achever l'œuvre, pour empêcher autant que possible, ce visiteur de mal parler de sa famille, il partit le même jour que lui. Il avait intérêt à surveiller, à tromper l'opinion à Avignon.

On s'y était ému des plaintes de la Marquise, ce dont le Marquis avait conçu la plus vive irritation. Il était résolu à s'en venger sur celle qui, à ses yeux, en était la cause, en lui faisant sentir les effets de sa terrible colère, de son animosité surexcitée. Une fois débarrassé de la présence du noble avignonnais, il ne se contenta pas de la poursuivre de violentes injures, il la maltraita cruellement. Une fois, dans une colère qu'il lui fit de gaieté de cœur, il s'emporta jusqu'à la battre avec un baudrier, et ensuite il l'enferma plusieurs jours dans une tour où elle tomba dans une sorte d'apoplexie. On eut toutes les peines du monde à la faire revenir. On parvint pourtant à la ranimer. Comme elle avait craché du sang et qu'elle avait éprouvé les plus douloureuses émotions, elle crut que son mari l'avait empoisonnée, et elle ne put s'empêcher de trahir ses craintes. Son féroce mari lui dit que s'il eût eu pareil dessein, il l'aurait fait dans une action comme celle-là, parce qu'on aurait dit que l'apoplexie l'avait tuée. Mais ne l'avait-il pas plus d'une fois menacée, avec les paroles les plus brutales, de la faire ainsi périr ?

Du reste il voulut condamner sa victime au plus entier isolement, et la priver de la sympathie de ses domestiques mêmes. Il exécuta la menace précédemment faite. Il renvoya toutes ses filles, disant « qu'elles s'entendaient ensemble et lui donnaient des conseils pour l'empêcher de faire ce qu'il souhaitait. » On voit avec qu'elle implacable énergie il poursuit toujours son but qui est de s'emparer des biens de sa femme, et comme il brise tout ce qui lui fait obstacle.

Il fallait songer aussi à couper, autant que possible, toute communication avec Avignon : là en effet se trouvaient une mère et un certain nombre d'amis s'intéressant à la Marquise. Il n'avait point négligé ce point. « Il avait donné ordre à ses sujets de l'avertir de toutes les personnes étrangères qui arriveraient à Ganges avec quelques montures, et de les interroger… » Dans cette petite ville on en parlait publiquement.

Nous avons suivi pas à pas la déposition de la demoiselle Choiselle. Mais désormais elle nous manque. Cette personne se rendit très probablement à Avignon, puisqu'elle s'y trouva lors du crime. Elle vit Mme de Rossan et peut-être se mit à son service. Cette dame dut par elle être, d'une manière détaillée, mise au courant des horreurs subies par sa fille.

*[Nous appuyant sur les souvenirs du vieillard, nous avons lieu de penser qu'elle se rendit alors à Ganges où elle fut naturellement mal accueillie de ceux dont elle venait surveiller la conduite barbare. Elle fut témoin de bien des violences, mais témoin impuissant, car on la tenait elle-même comme prisonnière. En effet on avait fait mettre extérieurement des verrous à la porte de sa chambre d'où elle ne pouvait pas toujours sortir, par conséquent. En l'enfermant on se débarrassait ainsi de sa présence importune, et la pauvre victime continuait à souffrir sans espoir de soulagement. Sa mère n'avait d'autre consolation que de

prier pour elle, et parfois de prendre ses petits enfants en les exhortant à prier, eux aussi, pour leur pauvre mère si injustement accusée, afin que Dieu fît paraître son innocence.]*

Voici maintenant quelques conjectures tellement plausibles à nos yeux que nous n'hésitons pas à les tenir pour vraies, à moins qu'on n'en montre sûrement la fausseté

Mme de Rossan partit au comble de la désolation. Elle ne manqua pas de raconter partout l'infâme conduite du Marquis et des siens à l'égard de sa fille. On sut le détestable effet que cela produisait, et le blâme que l'indignation publique infligeait à la famille. L'Abbé, soit qu'il fût encore à Avignon, soit qu'il fût de retour en Languedoc, fut rendu attentif à ces mouvements d'opinion qui certes n'étaient pas sans graves inconvénients. Du reste à quoi pouvait-on aboutir ? On pouvait bien martyriser cette pauvre femme, la rendre malade, la faire mourir. Mais elle déployait une indomptable énergie pour refuser de faire les actes qu'on exigeait d'elle. Ni injures, ni calomnies, ni mauvais traitements, rien ne pouvait la décider à signer une donation quelconque. Sa mort ne devait avoir qu'un résultat : de rendre le testament d'Avignon définitif, absolument irrévocable, et, après son décès, c'était sa mère qui gérait ses immenses biens. On perdait pour toujours tout l'avantage si ardemment convoité. On manquait donc complètement le but ; on se fourvoyait. Il était temps de s'arrêter dans cette voie et d'en chercher une autre.

Cet homme astucieux le comprit bien : on ne pouvait espérer le succès que par des moyens tout contraires à ceux qu'on avait employés jusque-là, car plus fait douceur que violence. Il fallait essayer de la gagner par de bons procédés. Comme elle était naturellement bonne, si on parvenait à toucher son cœur sensible, peut-être l'amènerait-on peu à peu à faire ce qu'elle refusait étant cruellement traitée. Il communiqua ses réflexions à son frère, le gagna facilement à ses vues et le détermina à changer complètement de tactique. Ainsi de nouveaux plans ayant été adoptés, l'exécution en fut naturellement confiée à l'Abbé ; et le Marquis, se rendant aux Etats ou ailleurs, s'éloigna pour en faciliter le succès. C'était au mois d'août 1666. En tout cas c'était dans ce mois qu'il était venu à Ganges avec M. de Pérussis.

XVIII. Changement de tactique a l'égard de la Marquise.

Tout ceci explique bien la suite des évènements qui nous sont racontés par les auteurs. Les deux frères restés seuls changèrent complètement de conduite à l'égard de leur belle-sœur. Loin de proférer des menaces contre elle, ou de rappeler celles du Marquis, ils affectèrent des manières polies envers elle. Au lieu de troubler son existence par des vexations sans fin, ils cherchèrent à lui en faire une tranquille et heureuse. Ils s'attachèrent à lui faire oublier ce qu'elle avait souffert, et se donnèrent comme les réparateurs de ses maux. Ils redoublèrent de soin et de complaisance pour lui plaire et lui donner cette persuasion qu'ils étaient profondément désireux de voir s'établir une paix durable dans la famille, d'éteindre tout sujet de discorde. Ils feignirent de lui porter de l'intérêt, et ils travaillèrent avec tant de dissimulation qu'on aurait pu les croire élevés par Machiavel lui-même. Elle, malgré toutes les raisons qu'elle avait de se défier d'eux, en les voyant soutenir leur rôle avec tant de persistance, finit par les croire sincères et les prit au sérieux. Elle se laissa ainsi gagner par ces trompeuses avances et ces manières obligeantes en apparence.

Quand ils virent que leurs manœuvres étaient couronnées de succès, ils poursuivirent habilement leurs avantages. Il fallait en venir à la question du testament. Ils manifestèrent un grand désir de faire cesser tout désaccord dans la famille, et de cimenter une bonne et solide paix. Ils eurent soin de ramener la conversation là-dessus. Les promenades étaient fort commodes pour ces entretiens intimes où elle leur ouvrait son cœur avec cette franchise et cette bonté naturelles dont elle accompagnait ses discours. Elle leur témoigna son déplaisir extrême pour ce triste passé, combien elle avait souffert depuis que la malice de ses ennemis avait triomphé de l'amour de son mari, troublé son intérieur et détruit tout bonheur pour elle.

Alors ils protestèrent mille choses pour adoucir son ressentiment et pour la persuader que leur frère, son mari, n'aurait pas de pires ennemis qu'eux s'i ne tâchait de la venir voir, de se maintenir avec elle dans les meilleurs termes, de vivre avec elle en parfaite intelligence. Mais, ajoutèrent-ils finement, elle devait, de son côté, faire un trait de générosité pour l'engager, autant par reconnaissance que par amour, à l'honorer, à la chérir tout le reste de sa vie : c'était de révoquer le testament qu'elle avait fait à Avignon au préjudice de son mari, et d'en refaire un autre en sa faveur, même pendant son absence. Par là elle lui procurerait à son retour la plus agréable surprise, en sorte qu'il aurait pour elle un vif et durable attachement. Au contraire, si elle laissait subsister ce premier testament, l'union ne s'établirait jamais solidement entre elle et lui, car il se figurerait toujours qu'elle avait dans le cœur quelque animosité contre lui. Il fallait lever cet obstacle qui traversait leur bonheur, et seconder ainsi son désir d'être avec elle dans le plus parfait accord. Quand elle aurait fait ce sacrifice, elle verrait que son mari et tous ses parents n'aspireraient qu'à lui plaire, que les plaisirs règneraient parmi eux sans aucun mélange d'amertume, et qu'elle aurait sur tous les cœurs de la famille un empire absolu.

XIX. Testament de Sauve.

L'Abbé déploya tant d'éloquence en revenant sur ce sujet, il eut tant de paroles doucereuses et pressantes, il fut si flatteur et insinuant qu'il décida la Marquise. Elle se montra, selon ses inclinations, douce et complaisante, disposée à faire ce qu'on désirait. On ne lui donna pas d'ailleurs le temps de réfléchir et de revenir sur sa détermination. Avec des souplesses et des amabilités infinies, on insista pour qu'elle exécutât sur le champ le dessein qu'on avait formé. Les mesures avaient été si bien prises que le même jour (d'octobre 1666), elle fit un second testament en faveur de son mari.

En effet, tout était préparé de longue main. Du reste on avait eu un précieux auxiliaire dans un magistrat de Montpellier, Augustin de Soulas, conseiller du roi au siège présidial [45]. Cet affidé de la famille, qui était devenu son complice, avait donné ses conseils dans cette délicate et ténébreuse affaires. Esprit retors et sans scrupule, il avait dit comment s'y prendre pour la mener à bonne fin. Nul doute qu'il ne se fût donné, auprès de la Marquise, comme un ami bien sincère qui lui offrait son amical concours, désirant son bonheur, en même temps que le repos de tous les siens. Il l'avait sans doute exhortée à faire des sacrifices pour leur donner satisfaction, représentant du reste ceux-ci comme faciles à accomplir, et ne tirant point à conséquence. Elle avait, d'après lui, partout et toujours le droit de faire de son bien ce qu'elle voulait, et lui, ne faisait que défendre sa liberté, gênée ou détruite par les actes dressés à Avignon. Il est probable qu'il rédigea lui-même le testament qu'on allait faire. En tout cas l'auteur eut soin de professer cette doctrine et de défendre cette prétendue liberté de la Marquise, comme si elle avait été contrainte, à Avignon, de prêter les mains à ce qui lui répugnait. Il eut soin aussi de déclarer qu'elle s'était informée auprès de gens versés au droit. Nous supposons même que ce M. Soulas (ou Soula, comme il signe,) se trouva là lorsqu'on fit succomber la Marquise, et qu'il aida à la persuader. Il fut toujours présent quand l'acte fut dressé ; et pour donner à celui-ci un caractère plus auguste et plus solennel, la présence de ce magistrat est mentionnée dès le début. Du reste on prit toutes les précautions imaginables. L'acte ne fut point passé à Ganges, de peur sans doute qu'on n'accusât Messieurs de Ganges d'avoir abusé de leur influence, et d'avoir trop facilement disposé du notaire du lieu. Ce fut à Sauve, à l'hôtellerie portant l'*enseigne du Marteau*, qui existe encore. La marquise signa au bas de chaque page, ce qui semblait donner à la chose un plus grand caractère de spontanéité et de sincérité. Enfin sept témoins signèrent aussi.

« L'an 1666, 4 octobre, par devant M. Augustin de Soulas, conseiller du roi au siége présidial de

Montpellier, assistant au présent acte pour sa plus grande validité, ladite dame de Ganges fait son testament, par lequel elle lègue à la chapelle érigée à Roussans, 500 livres ; aux pères de Saint-Jean d'Avignon 300 livres ; aux Augustins réformés, 300 livres; aux Repenties, 200 livres, et 500 livres à tous les autres couvens d'Avignon, entre eux à départir ; aux Récollets, 150 livres : plus, à noble Alexandre de la Tude, son fils, 30,000 livres, payables quand il se mariera ; plus, à demoiselle Marie-Esprite de la Tude, 50,000 livres, lorsqu'elle se mariera du concentement de son père.

« Institue son héritier ledit seigneur marquis de Ganges, son mari, pour jouir, sa vie durant, des fruits et usufruits de son hérédité, vivant en viduité et non autrement, à la charge de rendre son hérédité à la fin de ses jours, ou quand bon lui semblera, audit Alexandre de la Tude, son fils, que ladite dame institue son héritier pour le capital de ses dits biens, à condition que venant à décéder sans enfans, ou ses enfans sans enfans, substitue dame Marie-Esprite de la Tude, et icelle venant à mourir sans enfans, ou ses enfans sans enfans, substitue dame Marie de Rousset, sa mère, pour jouir dudit héritage pendant sa vie, et à la fin de ses jours le rendre avec diverses autres substitutions.

« C'est son dernier testament qu'a déclaré vouloir qu'elle vaille cassant tous les autres testamens, codiciles, donations à cause de mort, et toutes autres dispositions qu'elle peut avoir ci-devant faites, et, notamment celle qu'elle fit dans la ville d'Avignon, devant M. Gay, notaire, le 19 mai 1664, peut avoir deux ans quelques mois, ou environ, ne se souvenant de nom de l'héritier qu'elle y a nommé, ni des autres circonstances dont il est accompagné, moins encore des clauses dérogatoires qui peuvent y avoir été couchées, ce qu'elle a affirmé par serment devant ledit sieur Soulas, magistrat, les mains mises sur les Saints évangiles.

« Si a ladite dame testatrice, de bonne foi, et par ce même serment, affirmé que ce présent testament contient sa dernière disposition pure, libre, franche, nonobstant les actes de protestations qu'on lui a fait faire devant le vice-légat dudit Avignon, dans lesquelles elle croit qu'on a fait coucher que, s'il se trouvait de testament dans les terres du roi de France, en son nom, postérieur à celui qu'elle avait fait audit Avignon, elle voulait qu'ils fussent rejetés comme faux et comme nuls, contraires à sa volonté ; révoquant ladite testatrice, en tant que de besoin, lesdites protestations en quelque manière qu'elles puissent être conçues, comme contraires à la liberté que tout le monde doit avoir de disposer de son bien, toutes les fois et autant de fois que l'on veut, et de révoquer tous les précédens testamens qu'on peut avoir faits, ainsi qu'elle l'a appris de personnes versées au droit, de qui elle s'en est informée, à cause des précautions extraordinaires dont on avait usé pour rendre irrévocable le testament qu'elle fit audit Avignon : protestant encore que, si elle se souvenait des clauses que ledit testament contient, et des autres circonstances, elles les aurait rappelées expressément et nominativement, pour d'autant mieux témoigner que sa volonté est de le révoquer.

« Récité à Sauves, dans le logis, à l'*enseigne du Marteau*, en présence de sept témoins, écrivant Durand, notaire, royal, ainsi signé. »

L'Abbé et ses complices, ignorant la déclaration faite devant les magistrats et les notables d'Avignon, ou n'y attachant que peu d'importance, ne crurent point nécessaire de demander une rétractation formelle à ce sujet. Il n'en fut donc question qu'implicitement; et ils crurent qu'ainsi leur but était atteint. D'après ce qu'ont cru plusieurs de nos auteurs, ils n'auraient plus songé qu'à consommer leur œuvre en accomplissant le dernier acte de ce drame infernal, et à se débarrasser définitivement de celle qui avait montré tant de condescendance, et qui, inflexible dans la légitime résistance lorsqu'on la traitait avec tant de cruauté et de brutalité, s'était laissé gagner par des semblants d'affection et des égards menteurs. Cependant il s'est écoulé un long temps entre ce testament (du 4 octobre 1666) et le crime qui fut commis plus de sept mois après (le 17 mai 1667). Pourquoi ce retard ? car nos conspirateurs n'étaient pas gens à hésiter pour frapper leur grand coup, et à compromettre le succès de leurs manœuvres par de dangereux délais ou des négligences. Tout s'explique naturellement de la manière suivante :

Dès que le testament de Sauve fut signé, il fut envoyé au Marquis, à Avignon, et celui-ci s'empressa de le montrer aux magistrats [46]. Il voulait s'assurer de sa validité, et voir s'il suffisait à détruire les actes solennels reçus dans cette ville. Contrairement à ses désirs et à son attente, les autorités déclarèrent ce testament sans valeur et refusèrent de l'enregistrer. Grand dépit chez lui et chez tous ceux qui avaient trempé dans cette affaire. L'indispensable conseiller Soulas, mis au courant, fut invité à rechercher quelque moyen de sortir de cette impasse. Après avoir bien réfléchi, il s'arrêta à cette idée. On ferait faire à la Marquise un testament où elle instituerait son fils héritier, et à défaut, sa fille. Le mari ne serait pas même nommé, et cela semblerait un dédaigneux et volontaire oubli. Ainsi il ne serait pas soupçonné d'être l'auteur ou l'inspirateur de ces dispositions très défavorables en apparence. D'un autre côté, la mère Mme de Rossan serait nommée, mais les avantages qui lui seraient assurés seraient sans importance. Une dot à sa fille au moment de son mariage, divers legs pieux achèveraient de donner à ce testament, du reste olographe, la figure la plus naturelle, tout en intéressant les confréries, les ordres ou associations religieuses ou hospitalières, soit de Ganges, soit d'Avignon, et les amenant à user, au besoin, de leur influence pour le faire accepter. Mais ce qu'on se gardait bien de dire, c'était la conséquence légale en cas de mort de la testatrice. En vertu du droit romain, le père devenait le tuteur de ses enfants mineurs, et pendant de longues années il gérait leur fortune. Jusqu'au temps de leur majorité, il aurait le temps et les moyens de s'en rendre en quelque sorte maître ; tout au moins il s'approprierait ces opulents revenus. Ainsi par un habile détour, on arriverait sûrement au but. La Marquise morte, on présenterait le testament de Sauve, et l'on subirait un échec prévu. Alors on produirait finement l'autre, comme si on l'avait inopinément trouvé, comme si on en ignorait l'existence. Celui-ci porterait tous les caractères, non-seulement d'authenticité, mais de spontanéité et de pleine liberté. Tout cela, avec les puissantes influences qu'on aurait soin de faire agir, ne pouvait manquer d'assurer le succès ardemment désiré.

Ce sont là, nous le disons loyalement, des suppositions de notre part. Mais nous verrons par la suite si elles sont fondées.

XX. Testament de Ganges.

Après cet acte de haute complaisance, la Marquise espérait, dit-on, goûter le repos et entrer définitivement dans une ère de bonheur. Du moins elle ne verrait plus se renouveler ses souffrances d'autrefois. Ses craintes s'étaient calmées. Elle pouvait se faire d'agréables tableaux. Son mari, bientôt de retour, ayant appris ce qui s'était passé, touché de cette grande preuve de confiance, lui rendrait tout son amour et lui montrerait dorénavant toute la sincérité de sa reconnaissance. Ainsi la paix règnerait dans la maison.

Cependant, quelque désireuse qu'elle fût de le voir revenir, il restait toujours loin. Par une étrange fatalité, il était toujours retenu par d'interminables affaires, et il trouvait quelque raison pour ne pas rentrer. Il prolongeait donc son séjour à Avignon ou ailleurs, au lieu de venir à Ganges où il devait éprouver et faire éprouver à son tour tant de contentement. Ce mari qui se présentait furieusement jaloux, persistait à rester loin d'elle, alors que tout semblait appeler sa présence pour sceller une réconciliation si désirable, et mettre fin à un trouble si cruel.

Quant à l'Abbé et au Chevalier, ils ne manquaient pas de faire tous leurs efforts pour distraire la Marquise, et dissiper les ennuis qui pouvaient l'assaillir. Ils redoublaient leurs assiduités auprès d'elle, et, mettant chaque jour tous leurs soins à lui plaire, ils voulaient ainsi la bien persuader qu'elle se les était complètement attachés par sa bonté et ses complaisances.

Voilà ce que porte la relation de l'Officier anonyme. Toutefois Gayot de Pitaval dit le contraire. Peut-être n'est-il pas entièrement dans l'erreur ; et voici comment on peut concilier ces témoignages contradictoires. D'un côté, il importait de flatter la Marquise et de l'entretenir dans de bonnes dispositions. On savait que de cette douce et affectueuse nature on obtenait beaucoup en s'adressant au cœur, tandis qu'elle se redressait fièrement devant les outrages, et que les brutalités lui donnaient une force de résistance invincible. Il fallait donc la ménager pour l'amener à ce qu'on voulait. D'un autre côté, il était souverainement désagréable de voir échouer un plan si habilement concerté, et s'évanouir le succès obtenu à Sauve. On éprouvait le plus vif dépit d'être obligé de recommencer l'œuvre à nouveaux frais. Il fallait faire le siège de la Marquise, c'est-à-dire la solliciter sans lui donner de l'ennui, l'obséder en évitant, autant que possible, de lui donner du dégoût: Mais il était fort difficile de ne pas éveiller sa défiance par ces nouvelles exigences, et de donner couleur à ces nouvelles manœuvres. Evidemment il fallait lui témoigner beaucoup d'égards, de dévouement, d'affection. Mais il est infiniment pénible de manifester de tels sentiments à l'égard de ceux qu'on hait et de continuer ce rôle hypocrite, quand on n'a que du fiel dans le cœur. Les vrais sentiments se trahissent tôt où tard, ils éclatent surtout quand on trouve de la résistance.

La Marquise résista en effet, croyons-nous, puisqu'elle ne consentit que longtemps après à faire ce qu'on lui demandait. Elle trouva qu'elle n'était jamais au bout de ses sacrifices, et que c'était trop d'exigences. Sous des dehors polis et complaisants, elle a dû sentir, parfois au moins, l'implacable rapacité, l'abject égoïsme de son entourage. Elle avait trop d'intelligence pour ne pas entrevoir la triste réalité sous de trompeuses apparences, et pour ne pas pénétrer leurs secrets mobiles. Pouvait-elle toujours oublier que ces prétendus amis, si insinuants et obséquieux, avaient été ses plus cruels ennemis, et qu'ils n'avaient jamais renoncé à leurs vues intéressées? Pouvait-elle complètement oublier les maux endurés, les sinistres pressentiments qui l'avaient assaillie à son départ d'Avignon?

Quoi qu'il en soit, elle fit un troisième testament, sous seing privé, le 20 avril 1666. « Elle légua, dit F. d'Urban, 1000 livres pour ses obsèques; plus, à l'hôpital de Saint-Bernard d'Avignon, 50 livres; et autres 50 livres à celui de Ganges; à l'Aumône générale d'Avignon, 300 livres; aux Pénitens de la Miséricorde, 100 livres; à sa mère Laure de Rousset, un fermoir de diamans avec un rubis, à M. de Saint-Sauveur, son oncle, un diamant de 20 pistoles; plus, à Esprite de la Tude, sa fille, 30,000 livres lorsqu'elle se mariera. Elle institue son héritier Alexandre de la Tude son fils, et à défaut d'icelui, où venant à mourir sans enfans, elle substitue ladite Marie-Esprite de la Tude; et au cas que ladite de la Tude viendrait aussi à mourir sans enfans naturels et légitimes, elle lègue à madame de Rousset, sa mère, 15,000 livres, au dit cas tant seulement; comme aussi, audit cas, elle fonde une chapelle de 300 livres par an aux Pères de la Doctrine chrétienne. Elle déclare ceci être sa dernière volonté et dernier testament, qu'elle veut valoir par droit de testament, etc. Enfin sa conclusion est conçue en ces termes: « Révoquant et annulant tous autres précédens testa-

« mens et dispositions que je pourrais avoir ci-de-
« vant faites, et par exprès une donation à cause de
« mort, reçue par M. Gay, notaire d'Avignon, et un
« testament reçu par ledit sieur Gay, le 19 mai 1664,
« et un autre testament fait par-devant M. de Soulas,
« conseiller à Montpellier ; Durant, notaire, le 4 oc-
« tobre dernier ; et nonobstant les clauses déroga-
« toires, etc., desquelles je proteste ne m'en souve-
« nir : car si je m'en souvenais, j'y dérogerais
« expressément, voulant que le présent testament
« soit seul bon et valable ; et ayant lu et relu le
« présent testament, je persiste à vouloir les choses
« y contenues en six pages écrites et signées de ma
« propre main au bas de chaque page.

« Fait à Ganges, le susdit jour et an. »

Il est bien difficile, dit F. d'Urban, que cet acte, quoique secret, eût échappé à la connaissance de ses beaux-frères [47]. Pour nous, c'est impossible, et même il est de toute évidence que la Marquise ne l'a pas écrit d'elle-même, spontanément. D'abord, on a dû le reconnaître, ce style dénote un praticien qui en a donné le modèle. Elle s'est bornée à le copier. Elle l'a signé, non-seulement à la fin, mais au bas de chaque page, ce qui n'est qu'un redoublement de précaution de la part de ses instigateurs, qui lui ont forcé la main. Ce modèle a été probablement fourni par le magistrat complice, Soulas. C'est tout à l'avantage de M. de Ganges. Sans doute à première vue on ne le penserait pas, et ce testament semble refléter d'une manière simple et naturelle les sentiments les plus intimes de la Marquise. Aucun avantage, en effet, n'est stipulé pour le mari qui n'est pas même nommé, comme si elle avait le juste ressentiment des cruautés souffertes autrefois de sa part. En même temps qu'on relève ce dédaigneux oubli, on constate une pensée d'affectueuse reconnaissance pour la mère, Mme de Rossan. La sollicitude maternelle pourvoit à l'avenir des enfants. Enfin des legs aux institutions religieuses manifestent sa piété bien connue. Mais tout cela est trompeur, et ces impressions sont fausses. C'est un modèle d'astuce et de déloyauté. Ainsi que nous l'avons dit, le mari est de fait l'héritier comme tuteur de ses enfants, tandis que Mme de Rossan n'a qu'un joyau, comme pour l'amuser, et, en cas de mort de ses petits-enfants seulement, une somme d'argent. C'est dérisoire. Du reste la fourberie est visible pour qui réfléchit. Puisque le testament de Sauve est en faveur du Marquis, pourquoi celui-ci lui deviendrait-il tout-à-fait désavantageux ? Qu'a-t-il fait depuis lors pour mériter cette disgrâce ? Il est resté toujours absent ; donc il n'a pu commettre aucune brutalité. De plus ses frères se sont efforcés de se montrer tout aimables. D'où viendrait ce changement ? Il ne peut absolument s'expliquer que par un changement de tactique.

Du reste nous ne sommes pas réduits à ces inductions, quelque légitimes qu'elles soient. Voici des preuves à l'appui. Dans la consultation de l'avocat Acceli, signée par Pompon de Vechis, nous trouvons dépeinte l'horrible angoisse de la Marquise qui demande secours à sa mère, et l'exhorte, après sa mort violente qu'elle prévoit, à faire valoir le testament d'Avignon. « Elle appréhendait qu'on ne lui fît signer, « le couteau à la gorge, toutes les dispositions qu'il « plairait à son mari et à ses frères de lui faire faire. « Et étant, en effet, contrainte et forcée, comme il « est notoire, de faire un autre testament, en l'année « 1666 dans la ville de Sauve,... protestant avec « serment que ce testament était fait avec pleine « liberté, qui fut pour preuve de cette même liberté, « reçu en présence d'un magistrat public.

« Demeurant encore dans la même province du « Languedoc, et étant forcée, comme il a été sup« posé, elle fit un autre testament où elle est signée « de sa propre main dans chaque page..., par lequel « elle institua son héritier, noble Alexandre son fils, « et légua à sa fille 30,000 livres. » Ainsi elle a été *forcée* dans un cas comme dans l'autre.

Adressons-nous à elle-même. Elle nous donnera une claire réponse. Sur son lit de mort elle fut interrogée une première et une seconde fois par le magistrat envoyé par le parlement. « *Elle s'était plainte de plusieurs testaments qu'on lui avait fait faire par force et par violence, qu'elle ne veut pas qu'ils vaillent, sa volonté étant telle que ses enfants succèdent à ses biens, conformément aux testamens et codiciles qu'elle a faits en Avignon, pris par Félix Gay, notaire, où elle déclare que ledit seigneur de Ganges, son mari, ne pourra rien posséder de son bien* [48]. A Avignon, elle a fait plusieurs actes officiels; l'emploi du pluriel s'explique donc et même est nécessaire. Mais où prendre *plusieurs testaments* en Languedoc, si l'on ne comprend dans cette expression celui du 20 avril 1666, puisque sans celui-là, on ne pourrait en découvrir qu'un, celui de Sauve? Il est vrai qu'on peut nous répondre, en invoquant le témoignage de la Marquise, comme nous verrons plus loin, qu'on lui fit faire des actes, ou au moins un acte après le crime, ce que nous admettons. Par là, sans doute, le pluriel serait expliqué, mais on n'arriverait pas à sauver le testament en question, car les déclarations de cette dame sont réitérées et tellement explicites qu'elles rendent impossibles tout subterfuge et toute équivoque. Tous les actes faits en Languedoc, quels qu'ils soient, sont condamnés comme déloyalement extorqués et contraires à sa volonté. Dès qu'elle reprend sa liberté, elle revient à confirmer les dispositions d'Avignon. Le testament de Ganges est donc irrévocablement flétri comme le fruit d'une odieuse intrigue. Celle-ci, malgré la différence des moyens, se confond avec celle qui a produit le testament de Sauve [49].

Ses auteurs ont hâte d'en profiter. Il faut empêcher la Marquise de revenir sur ses dispositions et de compromettre un résultat si laborieusement acquis. Le dénouement va donc se précipiter. Il éclate dans quelques jours, après le court espace de temps nécessaire pour correspondre avec Avignon, et s'en-

tendre définitivement avec le mari. Nous savons par Conrart qu'un valet de chambre fut envoyé dans cette ville pour quérir le poison [50]. Ce fut sans doute le fameux Lovion qui secondait si bien son maître l'Abbé dans ses infâmes manœuvres. En outre, nous avons lieu de croire que, de concert, on fixa le jour du crime. Ce jour-là le Marquis eut soin de passer un acte public : cela lui permettait de prouver facilement son absence, d'établir son *alibi*, précaution qui tourna contre lui et fortifia les soupçons qu'on avait de sa complicité [51]. Du reste, tout le démontre, et là-dessus F. d'Urban s'exprime avec une louable et remarquable franchise : « L'abbé, dit-il (p. 74), crai-
« gnit alors (après le testament de Ganges) de per-
« dre le fruit de sa longue dissimulation et, cessant
« de se contraindre, il voulut tirer vengeance du mé-
« pris que la marquise avait fait de son amour, et
« assurer à son frère, qui lui avait certainement pro-
« mis une récompense proportionnée au service, une
« jouissance prompte et certaine des biens légués
« par l'acte que la séduction lui avait procuré [52]....»
De son côté, Mme de Rossan dit : « Le poison était
« donc la route qu'ils avaient choisie pour donner
« ouverture à une succession, l'objet de tous leurs
« désirs; et leurs mesures étaient prises de manière
« que leur crime eût été impénétrable si, pouvant
« imputer la mort de la marquise, soit à une méde-
« cine prise à contre-temps, soit à l'imprudence
« qu'elle avait eue de se surcharger l'estomac, on
« eût pu, par le ministère du vicaire, l'inhumer sans

« autre formalité et sans autre perquisition. » (Voir le mémoire de Mme de Rossan, dans le livre de F. d'Urban, p. 131.)

XXI. L'Empoisonnement et la Fuite

La Marquise ayant résolu de se purger, choisit pour cela le 17 mai (de l'année 1667). On lui porta de grand matin une potion purgative qu'elle s'était fait préparer suivant l'ordonnance d'un médecin qui lui était familier, celui de la localité [53]. Lorsqu'on la lui présenta, elle vit quelque chose de si noir, de si épais, qu'elle eut de la répugnance à la prendre. A la place, elle prit des pilules usuelles qu'elle avait dans sa cassette. L'Abbé et le Chevalier ignorèrent d'abord cette circonstance et crurent qu'elle avait réellement avalé cet affreux breuvage, très probablement empoisonné. Aussi, comme ils en attendaient de prompts et infaillibles effets, se montrèrent-ils, ce matin-là, d'une sollicitude toute particulière pour sa santé. Ils envoyèrent deux ou trois fois demander de ses nouvelles. Ils étaient au comble de l'étonnement en apprenant qu'elles étaient bonnes. Quant à elle, touchée de leurs attentions, elle répondait à leurs messages dans les termes les plus courtois et les plus affectueux que sa bonté et sa reconnaissance lui inspiraient.

Ils furent enfin désabusés. L'impatience les prit. Alors l'Abbé résolut d'en finir une bonne fois. Il parla à son frère le langage qu'il fallait pour lui inspirer l'énergie nécessaire, et tout fut résolu pour arriver sans retard au dénouement ardemment désiré.

L'après-dîner de ce jour, la Marquise, qui était restée au lit, désira avoir de la compagnie dans sa chambre. Pour cet effet elle fit inviter sept ou huit demoiselles (dames) du lieu à venir passer quelques moments auprès d'elle, ce qu'elles acceptèrent avec tout le respect et la tendresse qu'elles étaient accoutumées de lui témoigner en toutes sortes de rencontres. Elle fut très enjouée, et jamais on ne la vit de meilleure humeur. Mais l'Abbé et le Chevalier, qui étaient de la partie, étaient sombres et taciturnes. Ils éprouvaient un trouble qu'ils ne pouvaient dissimuler. Leur belle-sœur les raillait de leur distraction et de ce qu'ils ne prenaient pas généralement part à la conversation. Le Chevalier, qui se tenait tout penché au pied du lit, faisait de grands efforts pour dissiper son humeur noire. Il sortait de sa pénible rêverie pour lui faire des badineries et de petites malices. L'Abbé ne pouvait rester en repos. Il changeait de contenance à tout moment. Toutefois, lorsqu'il retrouvait un peu de calme, et qu'il se mêlait à la société, il ne laissait pas de dire des choses amusantes. L'un et l'autre faisaient assez juger qu'ils étaient agités par une pressante inquiétude. Leur air contraint n'échappa point aux personnes présentes ;

elles remarquèrent qu'ils avaient quelque chose de tout à fait extraordinaire.

Vers quatre heures, la Marquise voulut régaler cette compagnie d'une collation qu'elle fit apporter. Mais aucune de ces dames, ni les beaux-frères, ne se trouvèrent disposés à manger. Elle seule y fit honneur, car elle mangea beaucoup. Enfin, après cinq heures sonnées, les dames se retirèrent. L'Abbé les accompagna et feignit d'aller à la porte du château. Le Chevalier resta seul avec la Marquise. Il se mit debout au pied du lit et resta plongé dans sa profonde et morne rêverie dont elle ne pouvait deviner le sujet. Elle tâchait de s'éclairer là-dessus. Mais elle n'eut pas longtemps à attendre. Bientôt tout s'expliqua.

Le moment du crime était venu.

D'un côté, trois hommes : les deux frères et le prêtre Perrette, aumônier de la maison, bien résolus, ayant tous les moyens à leur disposition, ayant eu le loisir de tout préparer, pouvant s'armer jusqu'aux dents. De l'autre côté, une femme au lit, ne se méfiant de rien, absolument sans défense. Sa fenêtre donnait, non sur une rue, mais sur une cour entourée de hautes murailles. Ses cris n'auraient pu être entendus ; aucun secours ne pouvait lui venir de là. Elle ne pouvait appeler ceux de la maison : les domestiques, sous divers prétextes, étaient tenus à l'écart [54], ou bien c'étaient des complices. Ainsi la Marquise allait misérablement périr dans l'ombre, n'ayant autour d'elle que ses meurtriers. Ils allaient sans empêchement consommer leur œuvre, et leur victime agonisante leur serait livrée sans que personne pût l'assister.

Mais Dieu qui, dans son infinie sagesse, laisse commettre le crime, se plaît pourtant à déjouer la prudence des méchants, à confondre leurs desseins. Il sait les flétrir sans pour cela lancer ses foudres ou mettre la nature en émoi.

L'Abbé revint promptement dans la chambre. Mais quelle sinistre apparition ! N'ayant pas son chapeau, il laissait voir un visage bouleversé par les plus abominables passions. Dans ses yeux éclatait une flamme infernale. Tous ses traits respiraient les sentiments les plus diaboliques Ses cheveux, à ce qu'affirma la Marquise, étaient hérissés. Jamais elle n'avait rien vu de si horrible que cet Abbé transporté d'une rage indescriptible. Elle n'aurait pas été saisie d'un plus grand effroi, si le démon lui-même s'était montré à elle. D'une main, il tenait un pistolet ; de l'autre, un verre plein d'un liquide noir, trouble, épais. Il ferma la porte derrière lui dès qu'il fut entré, et s'avança vers le lit, les bras étendus. Puis, s'arrêtant à deux pas, il lança sur elle des regards terribles, comme s'il eût voulu, par cette scène muette, lui annoncer tous les malheurs qu'il lui apportait, et lui donner le loisir de le considérer dans cet état épouvantable.

Le Chevalier mit alors l'épée à la main. La Marquise, attérée par la vue de l'Abbé, crut d'abord que celui-là voulait être son protecteur et son appui dans cette horrible extrémité. Mais son illusion fut de courte durée. En jetant les yeux sur son visage, elle y vit une expression de fureur qui, pour être différente, n'en était pas moins effroyable. Il lançait des regards foudroyants. Evidemment ils avaient formé ensemble contre elle les plus pernicieux et les plus cruels projets. Du reste, ces derniers ne tardèrent pas à lui être nettement déclarés par l'Abbé. « Madame, dit-il, sans beaucoup élever la voix, mais d'un ton ferme et assuré, c'est sans compliment que je vous fais savoir qu'il faut mourir tout à l'heure et choisir sans délai ce feu, ce fer ou ce poison, qui vous sont destinés à cet effet. » « Mourir! Messieurs, s'écria-t-elle. Ah! Que vous ai-je fait pour me traiter de la sorte, et me faire mourir dans l'état et l'âge où je suis? De quel grand crime suis-je donc coupable? C'est vous qui ordonnez ma mort et c'est vous qui l'exécutez. Ai-je mérité une haine aussi violente que vous poussez à une si grande cruauté? Est-il quelqu'un de vous qui se plaigne de moi! Ah! Messieurs! Songez à ce que vous faites, et apprenez-moi, je vous prie, pour quel sujet vous voulez que je meure... Voulez-vous me traiter sans pitié, sans compassion et sans miséricorde? Hélas! je vous demande mille pardons si je vous ai fâchés en quelque chose. Mais, au nom de Dieu, mes beaux-frères, remettez-vous, ne me faites pas mourir? Hélas! je n'en puis plus dans l'état où vous me mettez... Ayez pitié de moi, je vous en conjure. Ah? Messieurs, ayez pitié de moi!... »

Ces plaintes si touchantes venant d'une si belle bouche restèrent sans effet sur ces furieux qu'on aurait crus sortir de l'enfer. Comme elle s'était jusqu'ici plus directement adressée à l'Abbé, elle pensa que le Chevalier serait peut-être plus accessible à des sentiments d'humanité. Elle lui avait constamment donné des marques de bonté, quoiqu'elle eût repoussé ses coupables tentatives. Elle lui avait souvent prêté ou donné l'argent qu'elle s'épargnait, lui permettant ainsi de vivre selon son rang. Elle lui avait même dernièrement remis une lettre de change de cinq cents livres qui lui avaient été payées quelques jours auparavant. Ne s'adoucirait-il pas par ce souvenir, et, gagné par la pitié, ne serait-il pas porté à la défendre? « Ne pourrais-je point, mon frère, dit-elle de sa voix émue, vous fléchir, et trouverai-je en vous un homme inexorable ? Avez-vous le cœur de vouloir vous-même être mon bourreau? Oubliez-vous toutes les marques d'amitié que je vous ai données ? Dans la colère où vous êtes contre moi, n'y a-t-il que mon sang qui puisse vous apaiser ? »

Mais elle ne réussit point à amollir son cœur. « C'en est fait, Madame, dit-il, du même ton qu'avait pris l'Abbé ; prenez votre parti. Si vous ne le prenez pas, nous le prenons sur le champ.» La funeste et sinistre expression de son visage ne confirmait que trop ses menaces. La Marquise eut beau le supplier, elle ne provoqua que des mouvements d'impatience, des paroles brutales: « Allons, allons, Madame. Point tant de raisonnements et de cérémonies. Nous n'avons point de temps à perdre. Il faut passer par là. Dépêchons nous et vite. »

Tout espoir était donc vain. Sa perte était irrévocablement jurée. Il fallait périr.

En un pareil moment, la Marquise conserva sa raison et sa dignité. Elle cessa des plaintes et des prières inutiles et se mit sur son séant, en jetant des regards pleins d'indignation sur ces deux enragés. Puis, poussant un grand soupir du fond de sa poitrine, et élevant les yeux au ciel comme pour le prendre à témoin de cet exécrable forfait, elle tendit la main au verre de poison que lui remit l'Abbé. Tandis que celui-ci tenait le pistolet sur sa poitrine, et que le Chevalier y tenait la pointe de son épée, elle but cet infernal breuvage qui était un vrai feu liquide, composé de trois poisons des plus violents, d'arsenic et de sublimé détrempé dans de l'eau-forte. Par les extrémités de la bouche, elle en laissa échapper quelques gouttes qui lui tombèrent sur le sein et y laissèrent des marques de corrosion toutes noires. Ses lèvres aussi furent instantanément brûlées et noircies. On peut penser quels ravages elle éprouva à l'intérieur. La sueur inondait son front. Pourtant elle se montrait calme et courageuse.

Le Chevalier s'apercevant qu'elle laissait au fond du verre le plus épais de ce triple poison, prit soin de rassembler ce reste avec un petit morceau de bois [55], et le lui redonna avec une parole d'outrage et d'infamie que la bienséance ne permet pas de répéter : « Allons, Madame... dit-il, il faut gober le goupillon. » [58]. La Marquise prit ce reste, mais sans l'avaler. Elle le retint dans la bouche ; puis, se laissant aller sur son chevet, et poussant un grand cri comme si elle voyait venir la mort, elle rejeta ce morceau dans ses draps et dit à ses meurtriers : « Au nom de Dieu, puisque vous voilà satisfaits en me ravissant le vie, ne poussez pas votre barbarie jusqu'à vouloir perdre mon âme. Envoyez-moi un confesseur, afin que je meure en chrétienne, et non en désespérée. » Alors l'un et l'autre quittèrent la chambre en fermant soigneusement la porte après eux.

Ils n'avaient pas de raison pour ne pas accéder à ce vœu suprême que peut-être ils avaient prévu. Avec ce qu'elle avait pris, la pauvre victime devait succomber bientôt, emportée par une atroce et prompte agonie. D'ailleurs, pour cette circonstance, ils avaient sous la main un homme sûr qui pouvait leur être fort utile, comme complice et comme prêtre : c'était le précepteur de leur frère aîné et le leur, Perrette, attaché à la maison depuis vingt-cinq ans. Il se tenait dans une autre pièce du château. Sans doute on lui avait prescrit de s'y tenir tranquille sans sortir, quoi qu'il entendît, mais d'être prêt à venir au premier signal. Ils vont donc l'appeler pour qu'il aille remplir, auprès de la mourante, son office de confesseur, mais surtout pour qu'il l'assiste à ses derniers moments et s'assure de sa mort. Toutefois, ils sont tellement prudents qu'ils ferment la porte à clé, et remettent cette clé au prêtre [57].

La Marquise se trouva donc un moment seule. Elle conserva une admirable liberté d'esprit. Il lui vint une idée subite, folle d'audace : celle de s'échapper par la fenêtre. Si elle pouvait au moins mourir loin de ces lieux maudits, se dérober aux dernières insultes de ses meurtriers ! Un étrange espoir, ou bien un immense désir la pousse. Sans perdre son temps à calculer les chances d'une telle entreprise, sans se laisser arrêter par l'impossibilité du succès, elle sort vite du lit, s'affuble d'une jupe de taffetas sur sa chemise [58] et court à la fenêtre [59]. Il n'était que temps. Le bruit de la porte qui s'ouvre augmente son émotion. Elle se hâte et se précipite d'une hauteur de vingt-deux pieds. Dans son trouble elle n'avait pris aucune précaution. Elle se jetait la tête la première, de sorte qu'elle allait se briser le crâne. Mais le prêtre, survenant tout à coup, s'était élancé vers elle. Il put saisir le pan de la jupe qui, se trouvant d'étoffe assez légère, se déchira ; un lambeau lui resta à la main. Il n'empêcha donc pas la Marquise de se précipiter ; seulement il rectifia la position de son corps, si bien que, grâce à cette nouvelle impulsion, elle tomba debout, sans se faire d'autre mal que quelques égratignures à ses pieds nus [60] et à la cuisse.

Ce prêtre ressentit un tel dépit de n'avoir pas gardé la fugitive, qu'il jeta après elle une énorme cruche pleine d'eau qui se trouvait sur l'autre fenêtre [61], joignant celle par où cette dame s'était enfuie. Il l'aurait sûrement assommée s'il avait pu l'atteindre. Heureusement la cruche passa à deux doigts de sa tête, et ne se cassa pas, paraît-il, en tombant sur un sol sans doute mou et humide.

Aussitôt que la Marquise se vit à terre, elle se mit vite le bout d'une de ses tresses si avant qu'elle put dans le gosier pour se provoquer à vomir. Elle y réussit sans trop de peine, s'y trouvant beaucoup aidée par la quantité d'aliments qu'elle avait pris, il n'y avait pas deux heures. Ce qu'elle rendit fut avalé par un pourceau qui errait par là. Il périt presque sur le champ [62].

Après s'être ainsi soulagée, elle se releva promptement pour essayer de s'échapper. Mais elle vit que la basse-cour était fermée de tout côté. Elle avait en face d'elle les remises, où elle aurait pu trouver un moyen de s'évader. Mais elles étaient aussi fermées. Etait-ce encore une précaution prise par ses ennemis? Quoi qu'il en soit, tout l'avantage qu'elle avait gagné en se jetant de la fenêtre était de se trouver dans une prison plus grande que celle de sa chambre. Comme elle était fort perplexe, elle aperçut le palefrenier qui venait de dormir. Il sortait des écuries qui étaient, dit-on, à la droite de la fugitive. Peut-être ce bruit l'avait réveillé. Croyant que c'était un accident, il voulut relever cette dame et l'arrêter. Mais elle, s'adressant vivement à lui du ton le plus émouvant : « Mon ami, lui dit-elle, pour l'amour de Dieu, sauve-moi la vie! Je suis empoisonnée! Ne m'abandonne pas, je t'en conjure. Aie pitié de moi dans l'état où je suis. Ouvre-moi tes écuries, afin que j'aille chercher du secours. » Cet homme, tout ému de pitié, ne perdit pas de temps à demander des explications et il vint ouvrir. Prenant la Marquise entre ses bras, il lui fit traverser les écuries, et, la déposant dans la rue, il la remit à quelques femmes du lieu, qui se trouvaient là. Avec une animation que l'on conçoit sans peine, elle leur disait et répétait sans cesse qu'elle était empoisonnée, et elle demandait instamment du secours. Elle priait et conjurait tout le monde de sauver la vie à une pauvre étrangère, seule, sans parents, sans amis, dans le lieu où elle se trouvait.

Tout à coup, saisie de terreur, elle s'enfuit en courant de toutes ses forces [63]. Ses meurtriers la suivaient de près. Le prêtre Perrette, qui n'avait pu la retenir, était vite allé les avertir ; et ils s'étaient élancés furieux à sa poursuite. Ils criaient après elle, disant qu'elle était folle, qu'elle était sujette à des vapeurs de mère. Les gens qui la voyaient ainsi courir, presque en chemise, pieds-nus, les cheveux épars, le visage tout troublé, les yeux hagards, criant au secours, étaient profondément émus et ne savaient que penser. Elle passa ainsi à côté du temple des protestants [64], et dans une rue en partie voûtée au-dessus de laquelle se trouve une maison (*Croto de Marques*). Puis, débouchant dans la Grand'Rue, elle tourna à gauche vers la Place (la Halle). Après avoir ainsi fait cent cinquante ou cent soixante pas, elle s'engagea à droite dans une ruelle étroite menant hors du mur d'enceinte (*tra la muralho*). Enfin le Chevalier l'atteignit et lui fit rebrousser chemin. Elle rentra ainsi dans la Grand'Rue, où se trouvait beaucoup de monde, comme on pense bien. Les meurtriers soutenaient toujours qu'elle était folle, que c'était une folie qui la prenait quelquefois, et que, pour l'honneur de la maison, on devait la leur laisser renfermer dans le château. La Marquise, on le comprend, avait une invincible répulsion pour les suivre, et l'horreur qu'elle éprouvait visiblement, impressionna très vivement les assistants. Ceux-ci, pleins de compassion, se serrèrent autour d'elle, lui donnèrent un appui moral, et même un secours matériel, car les meurtriers furent impuissants à surmonter cette résistance un peu inerte, mais efficace, qu'ils rencontraient, et ils durent renoncer à ramener leur victime dans les tristes lieux où ils avaient tenté de la faire périr. Protégée par la foule, elle se réfugia dans la maison la plus voisine, appartenant au sieur des Prats [65]. D'après Delort, elle ferma la porte dès qu'elle fut dedans, en demandant du secours contre ses beaux-frères, qui furent tout de suite à la porte de cette maison, hurlant fortement, criant et menaçant si on ne venait leur ouvrir sans retard. La dame des Prats et les autres qui se trouvaient là, toutes émues et troublées, n'osèrent leur refuser l'entrée et leur firent ouvrir. Mais, comme le peuple faisait sans doute mine de pénétrer dans la maison, l'Abbé se tint sur le seuil, le pistolet à la main, disant incessamment qu'il tuerait le premier qui s'approcherait, et qu'il ne voulait pas que sa belle-sœur, dans sa folie, se donnât en spectacle à tout le monde. Le Chevalier, répétant aussi qu'elle était folle, l'accompagna dans une chambre haute de la maison. Le sieur des Prats était absent. Mais sa femme avait chez elle plusieurs [66] amies, justement de celles qui venaient de quitter le château. Parmi elles se trouvait la femme du pasteur, la dame Brunelle, qui montra dans ces terribles circonstances, un étonnant sang-froid, une rare intelligence et présence d'esprit. L'énergie et le courage qu'elle déploya étaient d'autant plus admirables qu'étant enceinte, elle aurait eu un fort bon motif de se tenir tranquille.

Cette dame remit adroitement à la Marquise une boîte d'orviétan que celle-ci cacha dans son sein. Elle en prenait des morceaux lorsque le Chevalier, qui se promenait d'une démarche de possédé, tournait le dos. Il était extrêmement étonné et irrité de voir qu'elle fût encore en vie, malgré un tel poison. Toutefois, comptant sur les infaillibles effets de celui-ci, et désireux aussi de se soustraire à une situation toute pénible et honteuse pour lui, il sortit après l'avoir enfermée. Les deux frères, ayant mis des gens à eux pour garder la maison et veiller sur les environs, se retirèrent.

Deux ou trois heures après il revinrent pour s'assurer qu'elle était morte. L'Abbé resta encore en bas pour écarter la foule. Le Chevalier monta. A sa grande surprise, il la trouva en vie. Elle avait beaucoup souffert pendant qu'elle avait été seule. Elle avait subi une sorte de lutte, une angoisse extrêmement pénible, mais qui heureusement, grâce sans doute à la quantité d'orviétan qu'elle avait absorbée, avait abouti à un vomissement. Ainsi avait-elle pu rendre le reste des aliments et du poison, de sorte qu'elle s'était trouvée fort soulagée [67].

XXII. L'Assassinat.

Cependant les dames qui se trouvaient là, étant revenues aussi de leur première stupeur, et comprenant bien que cette pauvre dame était poursuivie par la méchanceté de ses beaux-frères, voulurent se mettre à la secourir. Comme elle demandait à boire avec beaucoup d'instance, à cause du feu que le poison ou l'orviétan avait allumé dans son corps, une d'elle lui donna un grand verre d'eau. Elle se mettait à l'avaler avec une grande avidité ; mais d'un coup de poing le Chevalier lui cassa le verre sur les dents. Ces soins l'importunaient, et il s'irritait de voir si peu d'effets d'un poison pourtant si terrible. Il dit à toutes ces femmes qu'elles lui feraient grand plaisir de ne pas vouloir être les témoins des folies de sa belle-sœur, et qu'au lieu de favoriser ses idées, elles feraient bien de se retirer jusqu'à ce qu'elle fût remise. Il protestait qu'il était là pour en prendre soin, qu'il ne la quitterait point qu'elle ne fût en meilleur état, et qu'elles pouvaient se reposer sur lui.

Ces dernières paroles cachaient très mal son violent dépit. Mais elles firent un singulier effet sur la Marquise. Troublée par de si cruelles émotions, elle s'attacha avec une sorte de frénésie à ces protestations d'affection dont tout pourtant démontrait avec éclat la parfaite fausseté. Elle conçut l'espérance d'exciter la pitié de l'impudent qui osait les prononcer, et de le fléchir à force de soumissions, de douces supplications. Elle voulut donc l'entretenir en particulier et en toute liberté. Sur son désir, ces dames les laissèrent seuls. Elle se retira donc avec lui dans une chambre à côté [98]. Dès qu'ils furent entrés, le Chevalier eût l'étrange précaution de fermer la porte à clé. Alors toute noyée de larmes, portant sur son beau visage toutes les marques de sa douleur, elle vint se jeter à genoux aux pieds de ce cruel, et, les mains jointes, le corps prosterné : « Chevalier, dit-elle, mon cher frère, n'aurez-vous point pitié de moi qui ai toujours eu tant de tendresse pour vous, qui voudrais encore donner mon sang pour votre service? Vous savez bien si j'ai jamais manqué de faire mes efforts pour vous le témoigner, et cependant comment me traitez-vous, sans que je l'aie mérité, et que croira-t-on de tout ce procédé? Ah! mon frère, que mon malheur est grand d'être traitée de la sorte!.... Regardez-moi comme une étrangère qui vient implorer votre secours dans l'état où je suis réduite, et ne me refusez pas les sentiments que vous auriez pour elle. Si vous voulez avoir pitié de moi, je vous jure par ce qu'il y a de plus sacré, que j'oublierai le traitement que vous m'avez fait, et qu'il ne tiendra pas à moi que je ne l'interprète dans le monde comme vous le voudrez.... je vous promets, sur ma part du ciel, de ne me souvenir jamais des choses qui se sont passées jusqu'à maintenant, et de vous regarder comme mon protecteur et mon meilleur ami.... Si je vous avais fait la moindre injure, je me soumettrais à subir de votre part la peine la plus cruelle. Au nom de Dieu, mon chère frère, pour toute grâce je vous demande de me laisser aux portes de la mort sans achever de m'ôter la vie. »

La Marquise pouvait croire qu'elle parvenait à toucher le cœur du Chevalier. Au lieu de la repousser, il se rapprochait plutôt d'elle. Mais c'était dans des sentiments bien différents de ce qu'elle pensait. Il n'écoutait point ses prières, il n'était point ému de ses sanglots, ni du torrent de larmes qu'elle versait. Il s'irritait en lui-même de la voir encore pleine de vie. Il ne pouvait comprendre par quel miracle elle respirait encore. Transporté de rage de voir échouer un dessein si bien concerté, il résolut d'appeler brusquement cette mort trop lente à venir. Sans que cette dame l'aperçût, il tira son épée qui était fort courte, et, la tenant à la manière d'un poignard, il s'en servit pour la frapper, alors qu'elle était toujours à genoux et demandait grâce, les mains jointes. Elle fut atteinte au sein, une première fois au téton droit, ensuite d'un second coup à la gorge, près de la clavicule. Elle se relève promptement et fuit éperdue vers la porte en criant : « Au secours ! on me tue ! » Le meurtrier s'élance après elle et la frappe par derrière à coups redoublés. Au cinquième, son épée se rompt près de la garde, et le bout reste bien avant dans l'épaule. Alors il s'arrête. La Marquise tombe ; son sang ruisselle de tout côté. Les dames qui étaient à côté, entendant ses cris, avaient voulu courir à son secours. Mais elles ne le pouvaient, car le Chevalier en entrant avait eu soin de fermer la porte sur lui. Toutefois il y avait là une femme de tête et de cœur qui ne perdit point son sang-froid. Guidées sans doute par elle, elles se précipitèrent dans le jardin, se procurèrent vite une échelle, et par la fenêtre elle pénétrèrent dans la chambre de ce nouveau meurtre. Les hommes se tenaient presque tous à l'écart, n'osant guère se montrer trop ouvertement contre le frère de leur seigneur. Heureusement la Marquise en se débattant avait donné le temps à ces vaillantes femmes d'arriver. Comme le Chevalier vit venir du monde, il sortit, croyant d'ailleurs laisser la dame morte ou blessée mortellement. Il descendit l'escalier, et, retrouvant l'Abbé qui gardait toujours le seuil de la porte, le pistolet au poing, il lui dit : « Retirons-nous, Abbé, l'affaire est faite. »

Ces dames furent toutes consternées en la trouvant presque inanimée, étendue sur le sol qui paraissait tout inondé de son sang. Elles la crurent agonisante, tant sa respiration était pressée, agitée. Elles s'arrachaient les cheveux, désespérées de n'avoir pas prévenu ce malheur. Cependant l'une d'elles [70], s'approchant de la blessée et l'examinant attentivement, vit qu'elle pouvait ouvrir les yeux et qu'elle n'était pas au dernier soupir. Concevant l'espoir de la ranimer par des soins, elle courut à la fenêtre pour annoncer qu'elle n'était pas morte, et demander qu'on lu portât un prompt secours en appelant un chirurgien. Les deux meurtriers entendirent ce qui se disait. L'Abbé, jugeant qu'elle pouvait revenir à la vie, retourna sur ses pas pour l'achever. Il pénétra dans la maison et dans la chambre, le pistolet au poing. En ce moment ces femmes s'efforçaient de la mettre au lit. Alors, s'approchant d'elle dans de violents transports de fureur, il lui mit presque le bout de son arme sur la poitrine. Il semblait que cette infortunée dût successivement subir le triple supplice dont elle avait été menacée. Mais la dame Brunelle, toujours vigilante et courageuse, se jeta à ses cheveux, le saisit au corps, et retirant son bras, réussit à détourner le coup [71]. Pour prix de son héroïsme, l'Abbé, toujours furieux, lui asséna un vigoureux coup de poing sur la tête et le visage. Puis, frappant à coup redoublés de son arme comme d'une massue, il s'efforça d'assommer la Marquise. Mais la dame Brunelle et les autres lui opposèrent vaillamment une invincible résistance. Fondant sur lui comme des lionnes, elles le chassèrent de la chambre, et le poussèrent à la rue en le chargeant de coups et d'imprécations.

Elles revinrent vite soigner la blessée. La dame Brunelle [72], experte en chirurgie, essaya d'étancher le sang de ses blessures; mais le bout de l'épée y était resté. Comme elles étaient fort en peine, la

Marquise, qui s'était un peu ranimée, et qui reprenait courage en se voyant entourée d'amis dévoués, dit avec beaucoup de calme et de force d'âme à cette personne que, pour ôter ce bout d'épée, elle devait appuyer, soit le genou, soit le pied, contre son épaule et tirer vivement, ce qui fut fait et réussit. Ces dames mirent ensuite un premier appareil à ses blessures qui ne parurent pas mortelles. Dans son trouble, le Chevalier avait frappé avec frénésie, mais sans discernement, et il n'avait pas atteint les endroits où il aurait pu faire beaucoup de mal, amener la mort.

Ces dames s'empressaient autour de la pauvre souffrante, et, prenant soin de ses blessures, lui prodiguaient les témoignages d'affection dont son âme avait tant besoin. Joignant du reste à leur admirable vaillance, une prudence consommée, peut-être excessive, elle firent reporter au Chevalier ce bout d'épée ensanglanté, fraîchement retiré de la plaie. Elles croyaient par là éviter de lui déplaire.

Le chirurgien [73] qu'on avait appelé arriva. Ayant visité les blessures, il déclara qu'il n'y en avait pas une de mortelle ; que si on pouvait remédier au poison, il y avait de l'espérance de sauver cette infortunée. Mais le poison avait fait trop de ravages. On connut à une fièvre violente et aux douleurs aigües qu'elle ressentait dans les entrailles qu'il n'y avait guère à compter sur la guérison.

Cependant il fallait songer à sa sûreté, et se prémunir contre de nouvelles attaques fort à craindre. On chercha du secours. Les autorités de Ganges, paraissant bien résolues à s'abstenir de toute action, on alla quérir les seigneurs du voisinage, notamment les barons de Ginestoux et de Sumène. Ils s'empressèrent d'accourir et d'offrir leurs services, en témoignant à la blessée la part qu'ils prenaient à ses malheurs. Elle reprit courage en les voyant et se rassura un peu, car elle était, comme on peut bien le penser, toute troublée, éperdue, poursuivie par les plus lugubres images. Elle leur fit jurer de ne pas l'abandonner qu'elle ne fût en lieu de sûreté, si elle ne mourait pas du poison qu'elle avait pris, ou des coups qu'elle avait reçus. Elle se confia à leur garde, et ils prirent des mesures. Probablement ce furent eux qui postèrent, ou obtinrent qu'on postât une vingtaine de gens armés autour de la maison, la garde précédemment établie par les assassins s'étant sans doute dissipée lorsqu'ils se retirèrent, après leur double tentative infructueuse pour achever leur victime. On peut penser que leurs réclamations et leurs reproches, joints peut-être aux protestations du public, finirent par vaincre l'inexcusable inertie des consuls de Ganges [74]. Ils vinrent enfin offrir leurs services. Quoique ce fût bien tard, trop tard [75], la Marquise les accepta. Une garde fut placée à la porte de la maison. Les précautions prises ne furent pas inutiles car le Chevalier, ayant entendu dire que sa belle-sœur n'était pas morte, revint encore sur ses pas pour lui porter les derniers coups. Mais, voyant la porte si bien gardée, il jugea prudent de se retirer. [76] Cependant la nuit était venue. Il était neuf ou dix heures. Alors les meurtriers commencèrent à craindre pour eux-mêmes, et ils profitèrent des ténèbres pour fuir. Ils se rendirent à Soubeyras, terre du Marquis, leur frère [77]. Là ils se reprochèrent fort aigrement leur maladresse réciproquement. Ils étaient fort exaspérés de n'avoir pas pu, à eux deux, et malgré les ressources de toute espèce dont ils disposaient, se débarrasser d'une femme sans armes et sans défense. Ils se chargèrent d'outrages et faillirent en venir aux mains, s'entr'égorger [78]. Pourtant ils purent un moment apaiser leur querelle. Ils s'entendirent et firent le projet de revenir sur leurs pas pour achever leur œuvre mal réussie. Mais ils se trouvèrent pleins de trouble et de perplexité. A la fin ils réfléchirent aux dangers d'une telle résolution. Il comprirent que s'ils retournaient à Ganges et cherchaient à pénétrer dans la maison des Prats, ils couraient à leur perte et seraient infailliblement arrêtés. Ils ne songèrent plus qu'à se mettre en sûreté. Le bruit courut qu'ils s'étaient rendus au bord de la mer, vers Agde, et qu'ils s'étaient embarqués au lieu dit Grau de Palavas [79].

Les consuls de Ganges étaient intervenus fort tard et lorsque l'indignation publique les obligeait à sortir de leur calme honteux. Le régent de la police, Nerse, en particulier, manqua grossièrement à ses devoirs : il laissa les meurtriers libres de poursuivre à l'aise le cours de leurs forfaits. Grâce à son inertie, preuve de sa complicité, ils purent, pendant plusieurs heures, recommencer leurs criminelles tentatives, puis s'échapper sans être inquiétés. Plus tard, il prit lui-même la fuite pour se soustraire aux poursuites imminentes du parlement, qui le condamna en effet. M. de Tressan, grand prévôt de Languedoc, qui se trouvait dans le voisinage, ne réussit pas à arrêter les fugitifs, quoiqu'il fît courir après. On peut douter qu'il y mît beaucoup d'ardeur[80].

La fatale nouvelle s'était bien vite répandue dans tous les environs. Dès la pointe du jour, un grand nombre de personnes de qualité s'empressèrent d'accourir. D'un autre côté, on ne négligea pas de faire venir de Montpellier, où se trouve une célèbre école de médecine, des médecins et des chirurgiens qui se rendirent en hâte pour donner tous leurs soins à la blessée.

M. de Tressan vint à Ganges, le 10 mai, recevoir la déposition. Messire Planque de la Valette, conseiller au sénéchal de Montpellier, vint aussi pour le même objet. Mais le parlement de Toulouse évoqua cette retentissante affaire et envoya un délégué, M. de Catelan, pour procéder à l'information. Il arriva à Ganges le 3 juin.

XXIII. Le Mari.

M. de Ganges était toujours loin. Comme nous l'avons vu, il avait eu soin de passer un acte public le jour du crime. Ce fut le valet même de l'Abbé qui vint lui apprendre ces lugubres évènements, en faisant merveilleusement diligence, car il franchit cet espace fort considérable de dix-neuf grandes lieues en une nuit [81].

Ici laissons la parole à F. d'Urban (p. 96) : « Le marquis de Ganges était à Avignon quand la nouvelle de l'assassinat de sa femme parvint jusqu'à lui, et il était occupé à la poursuite de quelques affaires criminelles contre un de ses domestiques qu'il accusait de lui avoir volé deux cents écus. Si cette occupation n'avait été qu'un prétexte pour ne point assister au crime qu'il avait médité, s'il avait tramé avec ses frères la mort de sa femme, il ne s'était sans doute pas attendu que leur fureur pût les porter jusqu'aux excès atroces et publics qu'ils avaient commis ; il avait compté qu'ils prendraient la route obscure d'un poison adroitement administré.

« Quoiqu'il en soit de cette affreuse présomption, il parut, en apprenant cette nouvelle, frappé de l'horreur qu'elle devait naturellement inspirer, et perdit même, ou sembla perdre l'usage de tous ses sens. Il ne le recouvra que pour éclater en imprécations contre ses frères, et jura qu'ils n'auraient d'autre bourreau que lui. En un mot, il montra, en présence du courrier, les sentiments qui convenaient à sa position.

« Cependant, il ne se pressa pas beaucoup de voler au secours de son épouse. Il différa son départ jusqu'au lendemain après son dîner, et visita quelques personnes de la ville ; mais quoiqu'il les comptât au nombre de ses amis, il ne leur parla point du malheur de sa femme. »

Il est facile de se rendre compte de ses sentiments et de sa conduite. En apprenant ces étranges et lugubres évènements, il dut être vivement contrarié d'un dénouement si imprévu. Il pouvait en craindre pour lui-même les suites. Comment un projet si bien conçu avait-il pu si mal tourner? Comment s'était-il produit des circonstances aussi incroyables, aussi malheureuses pour lui ! La victime n'avait pas succombé sans bruit, dans l'isolement. Elle vivait encore..... Que de révélations n'aurait-elle pas à faire ! Le crime n'était pas resté dans l'ombre : il avait eu, pour ainsi dire, toute la ville pour témoin. Il dut donc éprouver un grand dépit qu'il dissimula peut-être par des regrets pour sa femme. Mais avait-il à se contraindre devant un tel messager?

Toutefois l'avis qui lui avait été donné était secret. Il était prudent de ne pas en parler, d'autant plus qu'il aurait fallu dire par quel moyen il était venu ; or comment oser dire que le valet même de l'Abbé, et son âme damnée, le fameux Lovion, persécuteur de la Marquise, était accouru, bride abattue, lui annoncer la nouvelle! Ç'aurait été simplement reconnaître la complicité. Il importait d'attendre une communication officielle par une voie honnête qu'on pût avouer. Donc il fit comme s'il ignorait, d'autant plus volontiers qu'il lui était pénible de feindre et de jouer un rôle si contraire à ses sentiments, en montrant une douleur et un étonnement qu'il était loin d'éprouver. Il reprit sa vie ordinaire. Le soir de ce jour-là, il vit des amis ; il ne manifesta aucune émotion et ne parla de rien.

Mais le valet ne sut pas si bien garder le secret. La nouvelle se répandit. M. de Ganges ne put feindre plus longtemps l'ignorance. Alors il fallut prendre les airs les plus faux en manifestant une grande colère. Il joua le rôle qu'il devait jouer, dit un de nos auteurs. Il se mit à conter à tout le monde ce qui était arrivé, comme s'il eût été au désespoir. Mais, ce qui fut beaucoup remarqué, il prit prétexte de ses affaires pour ne point partir ce jour-là. Il attendit le lendemain, dans l'après-dîner. Et qu'avait-il de si urgent ? Il poursuivait un domestique qui l'avait volé, à ce qu'il prétendait. Que faut-il, du reste, penser de ce vol ? Avons-nous la preuve que ce n'était pas encore une manœuvre ? Il se mit pourtant en route et s'avança lentement. Il mit trois grands jours pour se rendre à Ganges quand il aurait pu faire le trajet en un seul jour. Assurément il avait grand intérêt à cette lenteur. D'abord il pouvait espérer que sa femme, si affreusement empoisonnée et poignardée, succomberait avant son arrivée. En outre, il donnait à ses complices le temps de se mettre en sûreté. Mais, ô fatalité ! si le second but fut atteint, le premier ne le fut pas.

Enfin, malgré les longueurs calculées du voyage [82], il fallut arriver à Ganges et retrouver la blessée encore en vie. Il n'osa pas se présenter directement chez elle. Il devait, en effet, se trouver en grande perplexité, et se demander comment il serait reçu. Ferait-elle éclater son indignation en lui rappelant ses mauvais procédés? Ferait-elle des révélations compromettantes? L'écraserait-elle de son mépris? Il ne savait comment répondre à ces questions. Il était donc prudent de sonder ses dispositions, de tâcher de l'adoucir si elle était irritée, de la préparer à lui faire bon accueil. On songea donc aux religieux, et l'un d'eux fut chargé de cette délicate mission [83]. Mais la Marquise, par sa magnanimité, rendit celle-ci facile. Une si terrible épreuve n'avait pas altéré sa bonté; au contraire, elle l'avait comme exaltée. Une raison particulière la portait du reste à l'indulgence, et son cœur de mère n'avait pas manqué d'en sentir le poids. Cet homme si cruel était le père de ses enfants; en le flétrissant, elle flétrissait ces derniers. Elle voulait éviter que leur nom fût à jamais déshonoré, leur blason couvert d'une tache ineffaçable [84]. Elle résolut donc de recevoir ce mari odieux comme s'il avait été très bon pour elle, et de lui faire des démonstrations d'affection, en prenant garde de ne pas l'accuser. « Elle voulut voir son mari, dit Mame de Beaumont, lui tendit la main, et fit tout ce qu'elle put pour persuader à tout le monde, par ses manières, qu'elle le croyait innocent. » C'était de l'héroïsme assurément, mais d'une nature douce et humble, ce qui certes n'en diminuait pas la valeur. Lui, aurait dû en être troublé et touché jusqu'au fond de l'âme, en mourir d'émotion et de regret. Mais son cœur endurci, foncièrement corrompu, était incapable de répondre à tant de générosité, inaccessible à tout noble sentiment. Il se contenta de jouer son rôle. Il fit de bruyantes manifestations et affecta de montrer une grande douleur. Il pleura, il cria, il s'arracha les cheveux.

Cependant cette entrevue ne fut point tout à fait ce que l'un et l'autre auraient désiré dans des sentiments au fond bien différents. Il était impossible à la Marquise de ne point laisser, malgré elle, l'accent de sa douleur si intense, si profonde, percer dans ses paroles. Elle ne put s'empêcher de se plaindre à M. de Ganges d'avoir été si maltraitée dans sa maison et par sa famille, d'avoir été comme abandonnée par lui. « Ah ! Monsieur, dit-elle, qu'avais-je fait pour être ainsi traitée ! » Ces reproches, il est vrai, furent faits avec douceur, et même du ton le plus amical. Pourtant ils étaient si justes que le Marquis se sentit mal à l'aise. Ils avaient une telle portée, malgré la manière modérée dont ils lui étaient adressés, on peut dire à cause de cela même, qu'il en fut effrayé. Il fit agir ses religieux. « Un dévot missionnaire, est-il dit, qui assistait (la malade) avec un zèle non pareil, » lui représenta que le Marquis était au désespoir de quelques paroles qu'elle avait laissées échapper contre lui, sans peut-être les bien considérer. Alors elle voulut lui faire une réparation publique. Elle lui demanda bien des fois pardon. Elle l'appela près de son lit avec des démonstrations de tendresse, et lui donnant la main de la manière la plus aimable, elle lui déclara qu'il devait imputer ses paroles à l'excès de son mal plutôt qu'au défaut de son estime, ce qui toucha beaucoup les assistants et les remplit d'admiration.

Le Marquis se rassura et crut tout danger passé pour lui. La peur disparaissant, il laissa paraître sa vile nature, il osa montrer le fond de sa pensée. Il voulut profiter de tant de grandeur d'âme, d'une bonté si extrême pour atteindre le but de tant d'intrigues, et satisfaire son abjecte cupidité. Dans de pareilles conjonctures, ne songeant qu'à ses intérêts et désireux de s'assurer la fortune de sa femme, il eut l'impudence de lui demander qu'elle confirmât ce testament de Sauve, extorqué par ses assassins, et qu'elle révoquât ce qu'elle avait fait pour donner plus de force à celui d'Avignon. On se souvient en effet que les officiers de l'administration pontificale dans cette ville, avaient refusé d'enregistrer celui-là. Il restait, il est vrai, celui de Ganges. Mais, outre que c'était un pis-aller, il n'était pas du tout sûr qu'il fût accepté mieux que l'autre, surtout après ce qui venait de se passer. Il importait donc de profiter de ces bonnes dispositions manifestées par la testatrice, pour lui faire détruire son œuvre d'Avignon, contre laquelle tous les efforts risquaient d'échouer, d'autant plus qu'elle pouvait plus tard, en changeant d'humeur, la confirmer, ce qui compliquerait et gâterait la situation pour lui.

Ce fut un coup bien cruel pour la Marquise : son mari ne se prévalait de son excès de tendresse que pour la dépouiller. Elle avait voulu se tromper elle-même, trouver dans son absence un motif de l'excuser. Mais ses illusions étaient brutalement détruites par lui-même. Les tristes faits auxquels elle désirait fermer les yeux, s'imposaient à elle. Ce hideux passé auquel elle aurait voulu échapper, se représentait à elle avec sa douloureuse vivacité. Elle retombait lourdement dans la poignante réalité. Elle fut obligée encore une fois de comprendre les liens étroits, qui unissaient à ses meurtriers l'homme rapace à qui elle était enchaînée. Ensemble ils avaient conspiré son malheur. Ses soupçons, pour ne pas dire ses convictions à cet égard, étaient pleinement confirmés, malgré ses efforts pour bannir de telles pensées. « Il est « facile, de comprendre, dit F. d'Urban (p 99), toutes « les idées que dut réveiller dans l'esprit de l'infor- « tunée cet odieux souvenir rappelé si imprudemment. « Elle répondit, avec beaucoup de fermeté, qu'elle « n'avait rien à changer à tout ce qu'elle avait fait à « Avignon, ajoutant que son premier testament con- « tenait ses véritables et derniers sentiments dans « lesquels elle voulait mourir. On croit que la Mar- « quise ouvrit alors les yeux, et connut les inten- « tions réelles de son mari; mais elle fit tous ses ef- « forts pour n'en rien témoigner. Que n'avait-elle « pas encore à craindre d'un homme tel que le lui « peignaient ses horribles souvenirs, s'il eût pénétré « qu'on pouvait le soupçonner de complicité avec « ses frères ? » Elle se garda donc d'exprimer la peine qu'elle éprouvait, et qui se trahissait pourtant, malgré elle, sur sa figure. Elle refoula ses sentiments dans son cœur.

Le Marquis comprit donc qu'il s'était trop avancé. Par là il ne pouvait aboutir qu'à se compromettre, à fortifier le soupçon qu'il était le complice des auteurs de l'attentat. Du reste il ne tenait plus absolument la Marquise en son pouvoir ; il n'avait pas les moyens de l'enfermer, de la séquestrer complètement, comme il aurait voulu. Ses propres démarches, ses paroles, ses airs, tout en lui pouvait être observé et le trahir. Il s'abstint donc de revenir ensuite lui-même sur ce dangereux sujet, et il garda une prudente réserve. Mais renonça-t-il à ses projets? Non certes. Il travailla sournoisement à les réaliser, comme nous le prouverons par les déclarations authentiques et solennelles de la Marquise elle-même. Il s'arrangea si bien qu'il lui ravit toute liberté. Il allait souvent auprès d'elle et semblait lui rendre assidûment ses devoirs ; mais c'était pour la surveiller en écartant d'elle ses vrais amis qu'il remplaçait par des affidés à lui. Ce perfide entourage avait pour tâche de la solliciter pour qu'elle changeât ses dispositions testamentaires. Il fallait l'amener à détruire celles d'Avignon qui se dressaient toujours comme un obstacle redoutable où tout pouvait se briser. Son concours était fort utile, nécessaire même, et il fallait l'amener à le donner plus sûrement qu'auparavant. Ces efforts incessants pour dompter cette mourante paraissent avoir abouti à quelque résultat, car, avant de rendre le dernier soupir, elle flétrit les testaments et dispositions qu'avant *et depuis* sa maladie on lui avait fait faire *par force*.

Le Marquis habitait le château et vivait au milieu de cette domesticité dressée à faire la guerre à l'infortunée Marquise, à l'espionner, à l'entourer de malice et de délation. Il s'y trouvait en particulier le prêtre Perrette avec qui il était en grande intimité. Sans doute il comprit bientôt combien ces rapports étaient compromettants, car il les rompit. Mais pendant quatre jours il a mangé et bu avec lui [85]. Or, il a reconnu dans son interrogatoire, que ce prêtre était notoirement complice de l'assassinat.

Madame de Rossan, mère de la Marquise, arriva le lendemain du jour où le Marquis était venu. Elle était accompagnée de plusieurs personnes de qualité ; quelques-unes l'avaient précédée. Elle fut extrêmement étonnée et irritée de trouver auprès de sa fille cet homme qu'elle regardait comme le chef de l'abominable complot dont elle était victime [86]. Elle ne pouvait se résoudre à les voir en bonne intelligence. Mais ce qui mit le comble à sa douloureuse stupéfaction, ce fut l'invitation que lui fit la Marquise d'embrasser son mari et de bien vivre avec lui. Elle, au contraire, frémissait d'indignation et ne pouvait le souffrir auprès de ce lit. Elle fut si exaspérée qu'elle ne put prendre sur elle de rester plus de trois jours, quoiqu'elle vît sa fille dans le plus déplorable état. Elle retourna chez elle sans que celle-ci pût jamais la retenir.

XXIV. ANGOISSES. SENTIMENTS CHRÉTIENS.

La pauvre blessée n'était pas dans le sinistre château. Pourtant, à ce qu'elle disait, elle avait toujours devant les yeux l'image de ses bourreaux. Aussi désirait-elle vivement s'éloigner de cette localité si pleine pour elle de lugubres souvenirs. Elle demandait qu'on la portât à Montpellier où elle aurait eu à sa portée les remèdes et les secours nécessaires. Mais le médecin lui représenta que son état ne permettait pas ce déplacement, et qu'on ne pouvait l'entreprendre sans un extrême danger.

Elle montra sa générosité en déclarant à plusieurs reprises, et devant de nombreux témoins, qu'elle pardonnait à ses meurtriers. C'était d'un accent si sincère, elle se montrait si soumise à la loi du christianisme, que tous ceux qui l'approchaient en étaient profondément émus. Comme elle éprouvait une grande ferveur dans ses sentiments religieux, elle voulut se munir des sacrements de l'Eglise. Elle se prépara à cet acte solennel en ouvrant son cœur d'une manière si touchante, que toute l'assistance fondit en larmes. Mais quand le Saint-sacrement lui fut porté, de quelle horreur ne fut-elle pas saisie ! Celui qui le lui présentait était ce même prêtre Perrette, qui avait prêté son concours aux assassins, et qui avait jeté une cruche après elle [87]. Alors qu'elle voulait se préparer dignement à l'autre vie, oublier celle-ci avec ses misères et ses douleurs, s'élancer sur les ailes de la foi dans les régions de la paix et de la pure lumière, les scènes d'empoisonnement et de meurtre se présentaient à son esprit avec une poignante vivacité. Elles la poursuivaient jusqu'au seuil de l'éternité. Elle craignait qu'une nouvelle affreuse intrigue ne fût nouée contre elle sous le voile des mystères de la religion, et que l'hostie ne renfermât quelque mortel poison. Elle avait bien des raisons de se défier de ce prêtre que depuis longtemps elle avait appris à mépriser de toute son âme. Elle lui demanda de partager l'hostie avec elle. Comme il y consentit et en prit un morceau, elle se rassura et communia avec l'autre moitié.

En ce moment, elle fit encore paraître ses sentiments chrétiens, disant solennellement qu'elle pardonnait à ses ennemis qui avaient voulu lui ravir et l'honneur et la vie. Elle prit aussi Dieu à témoin de l'innocence de sa conduite. Elle ne manqua pas de renouveler ses excuses à son mari, lui demandant pardon de ce qu'elle avait pu dire contre lui en cette occasion ou en toute autre. On était dans l'admiration et le ravissement de l'entendre parler avec tant de générosité dans une telle circonstance où l'on aurait compris les plus vifs emportements, où la plus ardente colère aurait paru légitime.

Ces tristes évènements n'avaient pas altéré la beauté de la Marquise ; ils lui avaient donné, au contraire, plus de relief. Ils en avaient un peu changé le caractère, il est vrai ; mais ils lui avaient communiqué une nouvelle splendeur. Ses traits, en gardant la même régularité, étaient plus émus. Son expression respirant toujours plus de bonté, avait quelque chose de plus mélancolique. Son regard, sans rien perdre de sa pureté, avait un feu plus pénétrant. La blancheur de la peau rappelait mieux encore celle de l'albâtre. On aurait dit de l'ivoire que la vie aurait tendrement animé, et qui aurait été comme imprégné de lumière. Jamais la voix n'avait été plus ferme. La souffrance de cette âme si noble donnait à sa figure un nouveau cachet d'austère grandeur, et commandait une poignante compassion mêlée de respect et d'admiration.

C'était si frappant que, malgré le triste état où on la voyait, plusieurs ne purent s'empêcher de lui parler de cette beauté qui recevait du malheur une consécration nouvelle, un étrange éclat. On croyait d'ailleurs lui faire plaisir en caressant un amour-propre naturel surtout aux femmes célébrées pour leurs charmes, et qui est souvent fort vivace. Mais elle montra combien elle en était dépouillée ; car, loin d'éprouver quelque consolation de ces compliments, elle les reçut avec la plus grande froideur, et même avec dégoût. Ses sentiments étaient si vrais, qu'ils se communiquèrent à son entourage, et l'on eut du mépris pour un tel entretien.

Oh ! alors, sans doute toute sa vie se déroulait devant elle en tableaux rapides comme l'éclair. Elle se voyait brillant à la cour du plus fastueux des princes, recevant d'universels hommages, d'incessants éloges. Elle avait charmé ce roi que contemplait le monde. Elle avait dominé tous les cœurs, du moins obligé tous les yeux à l'admirer, toutes les bouches à la louer. Elle revoyait ce temps où se réalisait pour elle le rêve le plus audacieux, le plus insensé qu'une femme vaine puisse former. Et maintenant cette brillante réalité lui apparaissait comme un rêve décevant et funeste. Les hautes faveurs tant enviées dont elle avait joui, avaient été pour elle une malédiction qui avait pesé sur elle toute sa vie. Le souffle impur de la luxure royale, sans étouffer ses généreuses aspirations vers le bien, sans pouvoir flétrir à jamais le fond de son âme, avait, en la souillant, dissipé son bonheur, empoisonné ses jours. Cette beauté si fameuse avait été pour elle la cause des plus grands chagrins, des plus effroyables malheurs. Jamais elle n'avait été bien enivrée de ses succès. Elle en avait compris la vanité dans toute sa cruelle amertume. Ces souvenirs bien tristes maintenant et sans attrait, inséparablement liés à d'autres souvenirs lugubres non moins tristes, lui semblaient un cauchemar. En face de la mort qui allait détruire ses traits, décomposer ses chairs, elle n'avait pas de peine à se détacher de ce monde, à renoncer à toute frivolité. Dans ses souffrances, elle ne cherchait de consolation que dans les mystères de la religion chrétienne qui seule nous apprend à apprécier, à rechercher les réalités invisibles, et à nous détourner de ce qui n'a qu'un temps, de tout ce qui est faux et mauvais.

Cependant la foi chrétienne où elle cherchait un sûr refuge, n'éteignait pas en elle les affections naturelles et légitimes. Elle les avivait au contraire. Elle avait presque toujours, dans sa maladie, son fils à ses côtés. Elle cherchait à lui inspirer des sentiments de piété et de religion, et l'exhortait avec mille caresses à rester fidèle à la vertu. Elle désirait que ces suprêmes exhortations d'une mère mourante restassent profondément gravées dans son cœur. Elle lui demandait avec des termes à faire fondre en larmes, s'il ne se souviendrait pas toujours de prier pour sa chère *mama*, lorsqu'elle serait morte, lui disant de s'entretenir quelquefois d'elle avec son papa. Ce petit enfant lui témoignait avec beaucoup de résolution que, lorsqu'il serait grand, il vengerait sur la personne de ses oncles les affreux traitements qu'elle en avait reçus. Mais elle réprimait fortement cette pensée, l'exhortant à leur pardonner comme elle le faisait, et à leur rendre service s'ils en avaient besoin.

XXV. INFORMATION.

Cependant le parlement de Toulouse ayant appris cet horrible forfait, ne voulut pas attendre d'y être appelé pour en faire justice. Il députa d'abord à ses propres dépens M. Catelan[88], conseiller à cette cour, pour commissaire. Celui-ci arriva bientôt sur les lieux avec tous les officiers nécessaires à cette commission. A son arrivée à Ganges, il demanda à voir la Marquise et mit des gardes pour sa sûreté. Mais on lui dit qu'elle n'était pas en état de recevoir sa visite et que, n'étant pas encore dégagée de l'assoupissement où elle était tombée depuis plusieurs heures, son esprit n'était pas libre. On est en droit de se demander si le Marquis ne fit pas tous ses efforts pour empêcher cette entrevue qu'il avait fort à redouter, et s'il ne chercha pas de prétextes pour écarter ce magistrat, espérant que peut-être la mort, qui ne pouvait tarder, surviendrait sur ces entrefaites pour rendre toute révélation impossible. Ce qui est certain, c'est que M. Catelan conçut de la méfiance, car le lendemain, ne prenant conseil de personne, il alla droit à la Marquise. En outre, relevons un fait auquel on n'a pas assez pris garde : on fit des manœuvres auprès d'elle lorsqu'on sut l'arrivée de M. Catelan. On voulut lui persuader de ne pas lui demander d'être portée à Montpellier, et de dire qu'elle était trop malade pour y pouvoir aller [89]. On désirait donc ardemment la garder à Ganges. Etait-ce pour la bien soigner et prolonger ses jours?

Dès son arrivée encore, l'envoyé du parlement ne négligea pas de s'occuper des autorités locales dont la conduite avait été si lâche et si blâmable. Le régent de justice, nommé Nerse, avait en particulier encouru les plus grands reproches. Infidèle à tous ses devoirs, il était resté impassible après l'empoisonnement, et il avait laissé se consommer tous ces crimes sans s'en mettre en peine. Du reste, il s'était si bien senti compromis qu'il avait pris la fuite. C'était évidemment un complice des meurtriers. Les consuls, de leur côté, ne s'étaient émus que fort tard et lorsqu'ils n'avaient pu rester plus longtemps impassibles. M. Catelan fit appeler sur l'heure le comptable, lui enjoignit de se mettre à sa disposition, de lui prêter aide et main-forte, de continuer les gardes qu'il avait mises pour la sûreté de la Marquise, et de les renforcer s'il était nécessaire. Il ne craignit pas de tenir le langage le plus sévère, et le menaça même de mort en cas d'infraction à ses ordres. Les dépenses furent à la charge de la ville, et s'élevèrent à la somme de deux cent vingt-deux livres. En outre, et toujours aux frais de la ville, une mule fut donnée à un de ses hommes, pendant quatre jours, sans doute pour aller faire des recherches à Soubeyras où les meurtriers s'étaient d'abord refugiés [90].

Le lendemain, comme nous l'avons déjà dit, ne prenant les avis de personne, il se rendit auprès de la Marquise, qui du reste l'avait appelé. Sitôt qu'elle l'aperçut, elle lui dit qu'il était le bienvenu. Elle lui fit le meilleur accueil, et on sentait bien qu'il y avait là plus que de simples civilités. Elle lui représenta dans quel pitoyable état elle était. Elle le conjura de la faire tirer de ce lieu où elle restait à contre-cœur pour des raisons qu'elle avait à lui dire. M. Catelan lui témoigna le vif intérêt que toute la cour et lui prenaient à son malheur, et l'assura de la bonne et prompte justice qu'elle en devait attendre. Il tâcha de lui faire comprendre que son état l'empêchait d'être transportée ailleurs actuellement, et se montra tout disposé à le faire dès que sa santé le permettrait. Ensuite il fit sortir tout le monde sans exception, et il s'entretint en particulier avec elle pendant une heure et demie [91].

Il nous est parvenu, grâce à F. d'Urban, un résumé de ce long entretien, fait par ce magistrat lui-même. Ce *procès-verbal* est bien court et bien insuffisant pour notre curiosité. Certainement il fut dit alors bien des choses qui n'y sont pas consignées. Toutefois il renferme de précieuses indications que le laconisme du langage rend d'autant plus significatives, et qui sont bien capables de répandre beaucoup de lumière sur notre sujet. Nous allons les recueillir avec le plus grand soin.

La Marquise, après avoir prêté serment « les mains mises sur les saints Évangiles de Notre-Seigneur », demanda à être emportée à Montpellier, disant qu'elle n'était pas en *liberté* à Ganges. Qui donc pouvait lui ravir cette liberté si ardemment et si légitimement désirée ? Évidemment ce ne peut être que les gens du château, tous notoirement ses ennemis acharnés, sauf le brave palefrenier, guidés, inspirés par le Marquis. Impossible d'en trouver d'autres qui pussent ou osassent exercer une telle oppression suprêmement odieuse. C'étaient eux qui la surveillaient de près, ne lui laissant pas un moment de vrai repos, écartant autant que possible les vrais amis. Nous ne voyons plus paraître en effet ces dames qui l'avaient défendue, soignée avec tant de dévouement. Il n'est plus question en particulier de la dame Brunelle qui s'était si vaillamment sacrifiée pour elle. Le Marquis était en tête de ce complot pour faire de la mourante une prisonnière. Il était assidu auprès d'elle, nous est-il dit ; mais c'était un tout autre sentiment que l'affection qui l'animait. Tout-puissant certes pour la préserver de tout nouveau danger, s'il l'avait voulu, et pour lui donner tout calme d'esprit, une pleine sécurité, il l'était aussi pour la troubler par une surveillance blessante, tyrannique. Il trouvait des gens complaisants pour comprendre ses volontés et les exécuter rigoureusement, pour entrer dans ses vues toujours perverses. Là voyait-on le « dévot missionnaire » dont il a été parlé précédemment et d'autres moines ? Nous ne savons : nos documents se taisent là-dessus. Toujours est-il qu'il devait se trouver assez d'affidés pour se relever et remplir ce triste office auprès de la malade.

Mais pourquoi cette surveillance jalouse et haineuse ? Pourquoi cette obsession constante ? Peut-être pour l'empêcher de parler des tentatives criminelles faites contre elle, de dévoiler de tristes mystères, de faire connaître de douloureuses circonstances, compromettantes pour les uns ou les autres. Pourtant le grand but était toujours de lui faire révoquer le testament d'Avignon. Elle se plaignit « *qu'a-* « *vant et depuis sa maladie, on lui avait fait faire* « *des testamens et dispositions par force, et elle* « *déclare qu'elle n'entend pas qu'ils vaillent.* »

(Voir F. d'Urban, p. 262). Toujours ce but criminel poursuivi avec une imperturbable audace et une diabolique persévérance!

Il est vrai que lorsque le Marquis avait voulu aborder la question de front, il avait échoué net contre un refus catégorique, et que depuis lors il n'avait plus osé y toucher directement, à ce que disent nos auteurs. Mais les paroles que nous venons de citer prouvent bien qu'il ne se résigna pas complètement à cet échec, et qu'il dut chercher à le réparer par des moyens détournés. Une souffrante pareille a nécessairement des moments de profond accablement, de prostration. La faiblesse et les douleurs du corps brisent à la fin l'énergie de l'âme dont le ressort se détend fatalement. Obligée de lutter sans cesse contre des sollicitations doucereuses, mais souverainement importunes, elle ressent, après avoir dépensé ses forces, l'inévitable besoin de repos, et, pour l'avoir, elle est disposée à céder. Il s'agissait donc de guetter ce moment favorable pour faire succomber la Marquise, et pour obtenir d'elle un consentement forcé pour les actes déloyaux qu'on voulait accomplir. Peut-être les mesures étaient prises avec la plus grande prévoyance; peut-être le notaire était constamment prêt à lui faire au moins signer ce qu'il avait rédigé en faveur de la famille de Ganges et sous leur inspiration.

A-t-elle écrit de sa propre main ces testaments ou dispositions qu'on lui a extorqués *depuis sa maladie*? Nous ne sommes pas à même de répondre à cette question avec certitude. Quoiqu'il en soit, nous savons qu'on lui en a fait faire. Les termes de cette pièce officielle demeurent dans leur inexorable précision : avant *et depuis* sa maladie on a exercé de la contrainte sur elle pour changer et pervertir ses dernières volontés, et elle saisit avidement la première occasion qu'elle a pour protester avec énergie contre ces lâches et coupables procédés. Ces actes ainsi obtenus furent sans doute tenus secrets. Quand le Marquis fut arrêté, la prudence la plus vulgaire commandait de les faire disparaître, et de ne laisser subsister que le testament olographe de Ganges, fait avant le crime, et qu'on pouvait espérer faire accepter, si celui de Sauve était invalidé. Le Marquis, ne l'oublions pas, se croyait d'abord à l'abri de poursuites; puis, quand il fut pris, il crut au premier moment n'avoir pas à craindre une condamnation. Voilà pourquoi il travailla sans cesse, dès son arrivée, à la captation de ce testament, ou à la consolidation de cette œuvre criminelle. Voilà aussi pourquoi lui et ses complices tenaient tant à garder la Marquise à Ganges; et l'on poussa l'impudence, nous l'avons vu, jusqu'à essayer de la faire entrer dans le complot dirigé contre elle-même. On intrigua auprès d'elle pour que, contrairement à ses désirs les plus ardents, elle ne demandât pas d'être emportée ailleurs, et même qu'elle s'opposât à cette mesure, en alléguant son triste état. On voulait que la prisonnière demandât à rester dans sa prison, que l'opprimée applaudît à l'oppression exercée sur elle.

Mais heureusement, malgré ses maux, elle eut encore assez de force de caractère pour résister à ces perfides sollicitations. Elle soupirait ardemment après la liberté qu'on lui avait ravie. Avec une ardeur fiévreuse, elle fait tout ses efforts pour l'obtenir. Interrogée elle raconte le crime de l'Abbé et du Chevalier, et confirme les dépositions faites précédemment devant le sieur de Tressan, prévôt général, et maître la Valette, conseiller du sénéchal de Montpellier. Elle fait comprendre qu'elle a d'autres révélations à faire. Mais toujours poursuivie de terreurs, elle revient encore avec une remarquable insistance sur ce sujet : l'oppression morale dont elle souffre. Elle déclare : « *qu'elle ne peut nous en dire davantage, n'étant* « *pas ici en liberté, comme elle nous a dit ci-de-* « *vant* », à ce que rapporte le procès-verbal ; « *qu'elle nous prie de rechef instamment de la faire* « *porter à Montpellier où elle nous promet de nous* « *dire toutes choses* » (p. 263).

Le magistrat veut la rassurer. Il lui représente qu'elle n'a rien à craindre, qu'il est venu pour la remettre en liberté, éloigner tous ceux qui pourraient lui faire de la peine et lui donner sujet de crainte. Il a beau faire tous ses efforts. Elle persiste disant que lorsqu'elle sera à Montpellier *elle dira toutes choses.*

La surveillance dont elle était l'objet se relâcha sans doute un peu par la présence du commissaire, car le lendemain (5 juin 1667), elle trouva moyen de lui faire parvenir « *très-secrètement* » un avis pour qu'il se rendît auprès d'elle. Evidemment tout dans sa conduite et ses paroles implique une méfiance absolue à l'égard de son mari et de sa maison. Si elle avait eu en lui la moindre confiance, elle n'aurait pas manqué de lui manifester ses craintes pour qu'il les dissipât ; et lui, s'il avait eu le moindre cœur, se serait empressé de calmer toutes ses frayeurs, de faire disparaître toutes ses angoisses. Mais elle le connaît trop bien pour attendre autre chose de lui qu'espionnage, cruelles obsessions, par ses affidés tout au moins, implacable rapacité. Elle se cache donc de lui comme d'un redoutable ennemi, et *très secrètement* elle fait appeler le magistrat qui, lui, n'est pas un ennemi, et qui veut lui donner paix et sécurité. Qu'a-t-elle donc de si pressant à dire ? Pourquoi cette hâte et ce mystère ? Après avoir de nouveau prêté serment, de la même manière que la veille, elle répète ce qu'elle a dit le jour précédent, avec cette différence qu'elle insiste sur une terrible aggravation. « Ladite dame, rapporte Catelan, nous a dit qu'elle nous a fait appeler très-secrètement pour nous supplier de rechef de la faire porter à Montpellier ou bien à Ginestous, n'étant pas ici en sûreté pour sa vie, que cette appréhension l'agite, ce qu'elle avait déjà dit du jour d'hier quatrième du courant » (p. 264).

Ainsi elle n'est *pas en sûreté pour sa vie !* Que craint-elle donc ? Que les assassins reviennent avec le pistolet ou le poignard ? Non certes. Mais ne sait-elle pas, par la plus douloureuse expérience, qu'il y a encore le poison! Le poison! Partout et toujours le poison! Elle s'en allait avec la persuasion qu'on refaisait en détail l'œuvre de l'Abbé et du Chevalier, qu'on l'empoisonnait tous les jours avec les potions et aliments envoyés du château. Voilà ce qui explique tout. Voilà pourquoi Catelan ne peut la rassurer. Il a beau faire toutes les protestations et les promesses les plus sincères ; il a beau faire soigneusement aposter des gardes à la porte ; il ne réussit pas à chasser ses terreurs. En vain il a la force matérielle, en vain il commande à des hommes armés. Ses gardes et les agents des autorités, qui la préservaient d'une attaque à main armée, sont tous impuissants contre le poison qui lui arrive constamment et accomplit sans bruit son œuvre fatale. Elle n'ose s'expliquer plus clairement de peur d'accuser le père de ses enfants, de peur d'exciter la haine et la malice de ses ennemis, ou de donner lieu à un trouble qui lui ferait mal ; ou bien encore de peur de n'être pas crue peut-être. Ailleurs elle pourra parler librement, du moins avec plus de liberté, des domestiques du château, tout en évitant d'incriminer le Marquis, dévoiler ses craintes, par exemple, au sujet de tel cuisinier qu'elle croit l'instrument de ses ennemis, l'administrateur du poison.... Partir ! Partir à tout prix! S'éloigner de ces tristes lieux remplis d'affreux souvenirs! Fuir loin, aussi loin que possible de ce château maudit d'où lui vient chaque jour de quoi alimenter, accroître ce feu infernal qui la dévore. Ne plus voir ces implacables conspirateurs, ces traîtres et assassins qui torturent sans pitié son âme et son corps !

Telles étaient ses dispositions. Nous l'avions reconnu même avant d'avoir pu étudier de près les procès-verbaux rapportés par F. d'Urban, et avant d'avoir pu prendre connaissance du récit de Conrart. Or les premiers renferment de si importantes données qu'il n'y a plus de place pour le doute; et le second confirme nettement ce fait que la Marquise était tenue dans une continuelle angoisse par l'horrible crainte d'être empoisonnée : « Les intendants de la province, « dit-il,... lui ont... envoyé des gardes pour la faire « transporter à Montpellier ne se trouvant pas en « sûreté à Ganges où elle n'ose rien prendre. » Ainsi, tandis qu'elle aurait eu besoin de tant de soins et de repos, elle n'osait pas prendre ce qu'on lui préparait, et elle était dans des transes continuelles. Elle voyait qu'on voulait la dépouiller de ses biens, qu'on se livrait à bien des manœuvres pour s'emparer de sa fortune en enchaînant sa volonté, et que pour cela on voulait à tout prix l'empêcher de partir afin d'avoir le moyen de l'obséder nuit et jour ; et, croyait-elle fermement, en même temps on désirait vivement sa mort, et on y travaillait dans la pensée qu'avant de quitter ce monde, où elle n'aurait plus été qu'un embarras, on aurait réussi à triompher de sa résistance, et à détruire le testament d'Avignon. Mais, reprenant courage par suite de la présence du commissaire du parlement, elle proteste contre les actes qu'on lui a fait faire, soit avant, soit après sa maladie, comme obtenus « par force ». « Elle déclare qu'elle n'entend « pas qu'ils vaillent, sa volonté étant telle que ses

« enfans succèdent en ses biens, et en leur défaut « sa mère, sans que le sieur de Ganges son mari les « puisse posséder en aucune manière, ce qu'elle nous « a redit par deux fois, » rapporte Catelan (p. 262).

La chose lui tenait tellement à cœur que le lendemain, au second interrogatoire, elle se plaint encore « de plusieurs testamens qu'on lui avait fait faire « par force et par violence ; qu'elle ne veut pas qu'ils « vaillent, sa volonté étant telle que ses enfans suc« cèdent à ses biens, conformément aux testamens « et codiciles qu'elle a faits en Avignon, pris par « Félix Gay, notaire, où elle déclare que ledit sei« gneur de Ganges son mari ne pourra rien posséder « de son bien » (p. 265). [92] C'est bien ici comme sa suprême recommandation, le cri qui s'échappe du cœur. Ce mari dur et rapace l'a presque toute sa vie tourmentée, l'a traitée toujours cruellement, n'a travaillé qu'à la dépouiller pour la détruire ou la faire détruire ensuite. Envers lui elle s'est montrée si généreuse, elle lui a sacrifié sa mère, croyant le toucher par tant de bonté ; mais lui, n'a cherché qu'à l'exploiter avec impudence. Il ne la regarde que comme une proie à dévorer.... Oh ! elle éprouve, au fond de son âme, une croissante, une invincible horreur qu'elle ne réussit pas complètement à dissimuler. Que ses criminelles manœuvres ne soient pas couronnées de succès ! Qu'il n'atteigne pas son but odieux ! Qu'il ne possède jamais ses biens si ardemment convoités ! Qu'il n'hérite jamais de sa victime ! Que plutôt sa mère les possède à défaut de ses enfants, et que le testament d'Avignon soit aggravé. Ainsi sa bouche, qui ne trahira pas pourtant tous les secrets de son cœur, laisse échapper à plusieurs reprises ce cri profond : Qu'il n'ait rien ! rien ! jamais ! jamais !

Qu'on le remarque bien, d'ailleurs, on n'a pas certes la vaine ressource de dire que sa mère la fait parler ainsi, lui inspire ces sentiments exprimés si vivement et constamment. Elle était absente depuis deux semaines, elle avait fui, abandonnant sa fille, plutôt que de voir près de son lit son affreux bourreau. Et la Marquise, en nommant sa mère en un pareil moment, en la désignant malgré cette fuite, pour hériter de ses biens, faute d'enfants, à la place de son mari, ne montre-t-elle pas qu'elle le juge au fond aussi défavorablement qu'elle ?

Toutefois, ne le perdons pas de vue, il s'agit ici surtout de ses dispositions intimes qui transpiraient sans doute au dehors, mais qu'elle voulait voiler. Ses sentiments éclataient, mais comme malgré elle. Elle ne cherchait pas à porter des accusations formelles contre M. de Ganges, à faire nettement sentir les lourdes responsabilités qui pesaient sur lui. Loin de là. Elle dut faire de sérieux efforts pour éviter de le charger. Elle ne se contraignait point pour manifester son aversion et son mépris pour le prêtre Perrette dont d'abord elle avait redouté l'hostie, comme si elle devait lui donner la mort. Elle trahissait de vives appréhensions à l'égard des domestiques du château, son peu d'estime pour les autorités locales, qui avaient si grossièrement manqué à leur devoir, peut-être sa méfiance pour l'apothicaire ou le médecin qui avaient pu tremper dans les tentatives d'empoisonnement, notamment dans celle qui échoua le matin avant le crime. Mais à l'égard du père de ses enfants, elle eut sans doute tous les ménagements possibles. Refoulant dans son cœur ses sentiments secrets, elle insistait sur son absence lors du crime pour essayer de le disculper.

Voilà ce que nous croyons. Mais le magistrat, croyons-nous encore, n'eut pas de peine à démêler les généreux motifs qui poussaient cette mère mourante à tâcher de voiler de si poignantes vérités. Les airs embarrassés du Marquis, ses manières suspectes, son désir assez évident de le tenir éloigné de sa femme, ses manœuvres pour la retenir à Ganges, malgré ses terreurs, tout cela ne lui échappait point. On peut l'affirmer avec confiance, si on se rappelle que, pour la première visite, il n'avait pris conseil de personne et s'était présenté de lui-même, ou plutôt qu'il s'était avec empressement rendu aux vifs désirs exprimés par la malade. Il ne pouvait oublier non plus qu'elle l'avait fait appeler très secrètement ce second jour. De toutes ses observations il ressortait nettement pour lui cette impression, parfaitement motivée, que la Marquise était une pauvre captive entourée d'impitoyables geôliers qui faisaient peser sur elle une odieuse oppression. De plus, dans le château, il avait respiré comme une atmosphère de haine, de trahison, de meurtre, et comment le maître et seigneur aurait-il pu rester étranger à cette malice et à ces crimes qui s'y étaient longuement et patiemment préparés, qui s'y étaient affreusement accomplis ?

Toutefois il se garda bien de heurter la Marquise. Il dut l'interroger longuement sur les relations qui existaient auparavant entre elle et son mari. Or, en répondant à des réponses multipliées, habilement posées, pénétrantes, comment pouvait-elle garder un complet silence sur les mauvais traitements qu'elle avait endurés et que tout le monde connaissait ? Comment dissimuler ces iniquités sans nombre dont elle avait tant souffert ? Comment cacher l'obsession constante dont elle avait été l'objet de la part de tous, pour qu'elle fit son testament en faveur de son mari ? Aussi, malgré ses réticences, ses précautions, ses protestations, il comprit de plus en plus la vérité. Et peut-être ces voiles, dont elle s'efforçait de la couvrir, la découvraient-ils mieux pour lui que des aveux explicites. Il sentit la solidarité étroite qui unissait les trois frères et n'eut plus aucun doute sur la culpabilité du Marquis. La suite des évènements montrera combien nos conjectures sont fondées, et les mesures rigoureuses prises par ce magistrat prouveront que nos appréciations sont justes. Du reste, voici un témoignage important. « M. Catelan, dit Delort, fit de grandes et fortes procédures, et tant des conférences particulières avec la dame blessée, qui à ce que l'on croit luy découvrit ses soupçons au sujet de tout son malheur ; mais on n'a pas su ce secret. » Si elle laissa voir le fond de sa pensée, ce fut, pensons-nous, de la manière que nous venons de dire. Pourtant il ne serait pas, semble-t-il, impossible d'admettre que, pressée par l'immensité de sa douleur et par l'habileté de son interlocuteur, elle ait fait, comme malgré elle, des révélations assez directes et précises, comme cette phrase de Delort permet de le supposer. Avait-elle l'espoir ou l'illusion de parler sous le sceau du secret, d'imposer une sévère discrétion?[93]

XXVI. La fin.

Ces entretiens, nécessairement très pénibles, puisqu'ils rouvraient les plaies cruelles de son âme et ravivaient les plus cuisants souvenirs, avaient épuisé ses forces. Déjà la nuit précédente avait été fort mauvaise. Malgré un lavement, elle avait continuellement éprouvé de vives inquiétudes. Elle était poursuivie par le souvenir des horreurs qu'elle avait souffertes. Il lui semblait toujours revoir ses assassins. Ce jour-là, dimanche (5 juin 1667)[94], après la seconde entrevue, le mal empira rapidement. Enfin, vers les quatre heures du soir, elle expira dans des souffrances à fendre le cœur des assistants. Ceux-ci ne pouvaient retenir leurs larmes. Leur émotion fut si vive et profonde qu'elle se renouvelait lorsque plus tard ils parlaient de cette scène navrante.

M. Catelan, nous l'avons vu, s'était soigneusement

enquis de tout [95], avait pris ses mesures, s'était formé une conviction nette et ferme. Il n'hésita pas. Incontinent après cette mort, il décréta le Marquis de prise de corps. Il avait avec lui douze gardes de M. le gouverneur, dix archers et un hoqueton qu'il dépêcha dans le château avec ordre de se saisir du maître et de la plupart des domestiques, sans oublier le prêtre Perrette, en possession duquel on trouva les pierreries de la Marquise. Il les avait volées, ou, ce qui est plus probable, le Marquis les lui avait données en récompense de ses services. Quand on vint saisir ce seigneur, il se promenait dans la grand'salle, tout seul et fort mélancolique. Il ne fut point surpris de son arrestation, car dès que cet ordre lui fut signifié, il répondit sans se troubler qu'il était prêt à obéir, et que c'était aussi son dessein d'aller poursuivre au parlement les meurtriers de sa femme. On lui demanda la clé de son cabinet qu'il remit aussitôt. On mit le scellé chez lui, et on le conduisit à Montpellier où son arrivée souleva toute la population.

Peu de temps après la mort de la Marquise, le 6 juin, on fit l'ouverture de son corps. Ce furent les médecins Védrines, Carquet et Teyssier, et le chirurgien Nissolle qui y procédèrent. Ils vérifièrent qu'elle avait succombé aux effets de cet horrible poison qui lui avait brûlé l'estomac et les entrailles, et avait même causé des noirceurs jusque dans le cerveau. On put par là reconnaître l'étonnante excellence de sa constitution, car elle avait pu résister ainsi pendant dix-neuf jours à la violence d'un tel poison, capable d'enlever des gens robustes dans l'espace de quelques heures [96]. Il est certain que ses blessures, quoique nombreuses et différentes, ne la menaçaient pas d'une mort inévitable. F. d'Urban, après avoir parlé de son excellente constitution, dit (p. 112): « Je répète ce fait extraordinaire, mais qui paraît constant : jamais la marquise n'avait paru si belle, jamais elle n'avait eu le teint plus éclatant, jamais elle n'avait eu les yeux si brillants, et la parole plus douce et plus ferme. La plus grande surprise qu'aient eue les témoins de cette mort, a été de la voir arriver dans le moment où ces divers avantages, parvenus à leur plus haute période, semblaient devoir donner les plus grandes espérances. »

Cependant ces lugubres évènements qui furent bientôt connus, causèrent partout une immense émotion, mais surtout dans les lieux où cette dame avait vécu, où elle avait des connaissances. L'indignation était à son comble. Les dames n'étaient pas celles qui en éprouvaient et en manifestaient le moins contre le Marquis, car personne ne doutait qu'il n'eût trempé dans le crime. A Avignon, dont la Marquise était regardée comme le plus bel ornement, les regrets furent extrêmement vifs.« On aurait dit, lisons-nous dans les *Causes célèbres*, que tout le monde tenait à cette dame infortunée, non-seulement par les liens de l'humanité, mais par ceux de la parenté la plus étroite ; et l'on parlait de venger sa mort comme un malheur particulier à chaque famille. »

A Ganges, les funérailles attirèrent une affluence extraordinaire. On n'avait jamais vu un tel concours, une telle multitude affligée, une manifestation si éclatante de profonds regrets. Conformément à l'arrêt du parlement, en date du 30 août 1667, sa dépouille mortelle fut portée à Avignon. Selon le désir qu'elle avait exprimé dans son testament, elle fut déposée dans la chapelle de famille qu'elle possédait à l'Eglise de Notre-Dame-des-Sept-Douleurs [97].

*
* *

Le Marquis fut, par le parlement de Toulouse, condamné au bannissement perpétuel, à la perte de biens et de noblesse. Mais il éluda la sentence en se faisant le sbire du féroce Bâville, et en persécutant cruellement les protestants. L'Abbé se réfugia à Viane, chez le comte La Lippe, puis en Hollande, à travers d'étonnantes aventures. Poursuivi par le remords, il se fit protestant et se conduisit désormais d'une manière irréprochable. Le Chevalier vécut sur les terres de son frère, le Marquis, caché dans le château de Soubeyras, ou dans les rochers des environs. On nous a montré son tombeau en partie détruit, et d'ailleurs des plus simples, dans les ruines de ce château que plusieurs disent hanté, et où se passeraient des choses étranges. Néanmoins on fit courir le bruit qu'il était mort dans la guerre contre les Turcs. Le prêtre Perrette, condamné aux galères, fut attaché à la chaîne et mourut en chemin. Cette mort arrivée avec un surprenant à propos, nous donne à réfléchir.

Peut-être un jour reviendrons-nous sur ce sujet pour raconter en détail ce que nous pourrons recueillir de ces faits bien remarquables, et pour parler de la famille de Ganges aujourd'hui disparue. La famille de Juigné, qui est son héritière, ne descend pas d'elle.

FIN.

APPENDICE I

SOURCES DE CETTE HISTOIRE

Passons soigneusement en revue les sources auxquelles nous avons puisé :

Imprimés. — Avant que le parlement de Toulouse se fût prononcé, parut un récit de ces lugubres événements[1], imprimé à Arles, avec ce titre : « *Les véritables et principales circonstances de la mort déplorable de madame la Marquise de Ganges, empoisonnée et massacrée par l'Abbé et le Chevalier de Ganges, ses beaux-frères, le 13 mai 1667. Ecrites par un officier du Languedoc à un gentilhomme de ses amis*

[1] Fortia d'Urban mentionne naturellement ce récit dont on ne connaît pas le nom de l'auteur. Il est remarquable, ajoute-t-il (p. 24, note), que cet officier ne dit pas un mot qui annonce la passion de l'Abbé et du Chevalier de Ganges pour leur belle-sœur. Gayot de Pitaval assure en avoir appris les détails par l'information du procès. — Ne perdons pas de vue que cet auteur ayant eu connaissance de pièces perdues pour nous, son témoignage est d'autant plus précieux. — Dans une édition des *Histoires tragiques* que nous avons en nos mains, l'histoire de la Marquise (la XXIXe) est donnée comme « *Ecrite par un officier du Languedoc, voisin du lieu de Ganges, à un gentilhomme de ses amis résidant à la Cour.* »

résidant à la cour. Ce même récit parut à Rouen et à Lyon quelques années plus tard. « C'était évidemment un écho des premières rumeurs de la foule. Les faits y sont rapportés avec des détails en partie peu vraisemblables, mais de bonne foi. » C'est ainsi que s'exprime M. Aragon. Il paraît avoir le désir de se débarrasser de ce témoin. Mais les raisons invoquées sont plus que faibles ; elles sont très mauvaises. Ainsi il s'agit de savoir, non ce qui est peu vraisemblable à ses yeux peut-être prévenus, mais ce qui est réellement arrivé. Or souvent la réalité peut nous paraître peu vraisemblable. Si pour une pareille raison on récusait les témoignages sérieux, chacun serait livré à son arbitraire, à ses caprices, et la connaissance du passé serait impossible. Cet officier est un témoin très digne de foi, qui se trouvait presque sur les lieux. On ne diminue point son autorité en disant qu'il donne un écho des premières rumeurs de la foule. Faut-il écarter les témoins qui ont vécu près des évènements qu'ils racontent, et des lieux où ces derniers se sont passés? On pensait jusqu'ici que ce sont les plus précieux, que sans eux il n'y a plus d'histoire qui mérite vraiment ce nom, et que ceux qui ont vécu loin des faits dont ils parlent, et loin des temps, n'ont d'autorité que par eux, sans quoi ils sont facilement récusés. Nous tomberions ainsi dans le domaine de la fantaisie pure.

Du reste, la rumeur publique, dont il faut se méfier parfois, a ici sûrement beaucoup de valeur, car, outre que par les domestiques ou les observations des particuliers on pouvait savoir et se dire à l'oreille bien des choses avant le crime, celui-ci, ne l'oublions pas, eut lieu en partie devant toute la population de

Ganges. De plus, la Marquise survécut dix-neuf jours avec une pleine lucidité d'esprit, et on eut le temps d'en apprendre long. Toutes ses paroles devaient être avidement recueillies. Rapidement répandues, elles entretenaient la profonde émotion de tout le pays, et spécialement de ceux qui l'avaient vue dans les rues, poursuivie par ses beaux-frères ardents à la faire mourir. Les assassins avaient rêvé les ténèbres et le silence, et leurs diaboliques desseins avaient été mis au grand jour, leur scélératesse avait eu d'innombrables témoins.

Plusieurs auteurs, du reste, ont sanctionné l'autorité de ce récit en le reproduisant à une époque et dans des circonstances où il leur était facile de le contrôler rigoureusement et d'en constater la fausseté ou l'exactitude. *Delort* (dont les *Mémoires* ont été imprimés à Montpellier, notamment en 1876), et qui vivait en ce temps-là à Montpellier, près de Ganges, a résumé et confirmé ce récit en y ajoutant peu de chose. Nous y avons cependant relevé quelques traits.

Delort n'est pas le seul garant à invoquer. Dans les *Histoires tragiques* [1] reparaît le récit de l'officier avec peu de changements. L'auteur est toujours très prudent et excessivement réservé à l'endroit du Marquis. Il a peur d'en trop dire. Mais ses précautions mêmes trahissent ses secrètes pensées. On sent qu'il le tient pour coupable, sans oser se l'avouer, et en se réfugiant

[1] Les exemplaires que nous avons eus entre les mains, tout usés et salis, ont perdu le titre. Nous le donnons d'après les auteurs : *Histoires tragiques de notre temps* compilées par François de Rosset. Edition de Lyon, 1721. — Il y a du reste plusieurs éditions, et les textes ne sont pas identiques.

toujours derrière la future décision du redoutable parlement. Ce témoignage indirect et involontaire a, croyons-nous, une réelle valeur, quoique négatif.

Il y a deux collectionneurs de causes célèbres, *Guyot de Pitaval* et *Richer* [1] après lui, qui ont raconté ce fameux procès du Marquis. « Le fond en est vrai, dit encore M. Aragon, mais les erreurs y tiennent trop de place, et les puérilités dont Guyot de Pitaval a émaillé le récit, lui enlèvent le caractère sérieux que comporte le sujet. » Nous n'acceptons pas ce jugement sommaire que nous croyons peu juste. Dans l'ouvrage que nous avons étudié, nous n'avons pas trouvé de puérilités. Il y a sans doute quelques erreurs de détail que relève Fortia d'Urban. Mais celui-ci n'a pas dédaigné ces auteurs. Il les cite souvent, et déclare même avoir pris Richer pour guide [2]. Cette étude, (*dans les Causes célèbres*) a d'autant plus de poids que l'auteur est un avocat au courant des questions judiciaires, et que rien ne peut faire soupçonner son impartialité. Du reste, avec des procédés pareils, ne pourrait-on pas discréditer tous les historiens ? Chez qui ne trouverait-on pas d'erreurs de détail ? N'en a-

[1] *Causes célèbres* par Gayot de Pitaval (1735), Paris ; rédigées de nouveau par Richer, 1774, Amsterdam (d'après M. Aragon). — Voici le titre de l'ouvrage que nous avons consulté : *Causes célèbres et intéressantes avec les jugements qui les ont décidées, recueillies par* M. ***, *avocat au parlemen ;* tome V : à Paris, au Palais, chez Jean de Nully, dans la grande salle du côté de la cour des aydes à l'Écu de France et à la palme, MDCCXXXV.

[2] Presque tout ce qui suit, dit Fortia d'Urban, est tiré de cet auteur (Richer), mais en m'attachant principalement à celui (l'officier) qu'il a copié dans tout ce qui ne regarde pas les amours de l'abbé et du chevalier de Ganges (p. 24, note 2).

t-on pas parfois trouvé même chez Augustin Thierry, par exemple ? Faut-il pour cela rejeter cet auteur ?

On a découvert dans les papiers de *Conrart* un récit de la mort de la Marquise. Il a été publié en 1876, dans le *Cabinet historique* [1]. Il provient évidemment d'autres sources, ce qui en relève la valeur. Il y a quelques erreurs ordinairement faciles à corriger. Ce témoignage est d'autant plus précieux qu'il nous donne d'intéressants détails, et surtout qu'il nous révèle les intrigues qui se firent lors du procès pour sauver au moins la vie du Marquis, et auxquelles les prélats et la reine elle-même prirent part.

En 1810, *le comte Fortia d'Urban*, descendant du Marquis et de la Marquise de Ganges, par leur fille, raconta cette touchante et lamentable histoire en y joignant des documents très importants [2]. Nous n'avons pas besoin d'insister pour faire ressortir l'utilité de cette publication, qui rectifie bien des points erronés, et où se montre sans cesse le désir d'être exact. Ce qui mérite encore d'être fort loué, c'est l'impartialité dont fait preuve l'auteur en insérant des documents qui tendent à mettre en évidence la culpabilité du Marquis. Plus que personne il devait, semble-t-il, dissimuler sa honteuse conduite. Naturellement il prend, autant qu'il le peut, la défense de sa famille, et notamment de Mme d'Urban. Mais il ne pousse pas ce sentiment jusqu'à l'implacable parti pris de tordre

[1] Le *Cabinet historique*, 2e série, t. I. 2 livrais., février 1876.

[2] *Histoire de la Marquise de Ganges*, par M. de Fortia d'Urban, de l'Académie celtique, etc., etc. Paris, de l'imprimerie de Levrault, 1810.

ou de voiler les faits, de faire violence à la vérité historique.

Qu'on nous permette de citer encore un ouvrage qui touche incidemment à notre sujet, celui de *Mme Leprince de Beaumont* [1]. Cet auteur, comme il est facile de voir, ne fait pas d'histoire. Il cite seulement des faits à la suite des leçons morales qu'il veut inculquer à ses élèves. Il n'est donc pas étonnant qu'il tombe dans des erreurs. Nous ne les relèverons pas. Disons seulement que ces erreurs laissent subsister le fond du récit et le confirment. Ce livre est bon à consulter, car il reflète sans doute l'opinion que l'on se faisait au commencement du siècle, dans une société et dans des lieux où le souvenir de tels évènements devait être bien vivant, et où les moyens d'information ne manquaient pas, car Avignon était le pays de la Marquise. Les appréciations générales doivent spécialement être justes. Or elles confirment les nôtres. D'après cette dame, le mari est jaloux et dur. La femme aime le monde, mais honnêtement. Toutefois elle ne fait pas assez de concessions aux exigences d'un mari ombrageux qui conspire sa perte : « La crainte qu'eut le Marquis qu'elle ne changeât celui (le testament) qu'il avait obtenu en second lieu, l'engagea sans doute à charger ses frères du soin de le défaire d'une femme qui avait perdu son amitié ; car on a toujours cru que ces barbares avaient agi par ses ordres. Je ne prétends pas le justifier au moins,

[1] *Magasin des adolescents* ou *Dialogues entre une sage gouvernante et plusieurs de ses élèves*, etc;, par Madame Leprince de Beaumont ; Avignon 1817 (Voir T. I, part. 2, p. 30).

c'était un monstre, je veux dire seulement que peut-être la Marquise eût évité ses malheurs si elle se fût montrée plus complaisante à ce qu'il exigeait d'elle. »

Mentionnons encore un article en général assez exact, sauf quelques détails, de la *Biographie universelle*, signé B — Y (Madame Bolly).

Il n'y a pas longtemps, un ancien magistrat a publié une brochure sur ce sujet [1]. A cause des hautes positions qu'il a occupées et des documents qu'il a recherchés, son travail paraît d'abord avoir une certaine importance. Mais, à l'examiner attentivement et froidement, on reste convaincu qu'il a, malgré tous ses efforts, manqué d'impartialité. Franchement, nous ne concevrions pas autrement un plaidoyer pour le Marquis, avec le désir ardent de le trouver innocent. M. Aragon protesterait sans doute. Même il proteste à l'avance (p. 65) : « Nous n'avons pas, dit-il, entendu donner... le panégyrique du Marquis de Ganges... » Nous pourrions dire que cet empressement à aller au devant d'un reproche, semble ici dénoter le secret sentiment de l'avoir mérité. Sans insister là-dessus, donnons quelques preuves de la partialité qui a faussé la plupart de ses jugements, malgré tout son désir de faire une œuvre historique.

D'abord exposons les idées générales qui ressortent de son écrit, et qu'il cherche à faire accepter au public. Il veut faire pleinement absoudre le Marquis. L'opinion cependant le condamna sans hésiter, avec la plus grande énergie. Il inspira de l'horreur géné-

[1] *Diane de Joannis, Marquise de Ganges. Sa vie, sa mort tragique, d'après des documents en grande partie inédits*, par le premier Président, Aragon ; Montpellier et Paris, 1881.

ralement à tous. Les magistrats de Toulouse, après longues enquêtes et minutieuses recherches, le condamnèrent, malgré les plus puissants appuis du clergé et de la reine elle-même. N'importe : pour M. Aragon, il était étranger au crime dont tout le monde le chargeait. Il était seulement coupable d'un *excès de jalousie* ; il était simplement *égaré par un sentiment dont il n'était pas le maître, et il a trop facilement cédé aux soupçons injurieux que la malignité* (des autres) lui *inspirait* contre sa femme. A une époque où les grands seigneurs étaient à peu près tout-puissants chez eux, et s'assuraient à l'occasion l'impunité pour leurs crimes [1], alors qu'ils jouissaient au dehors d'un immense crédit, l'on a condamné à tort celui-ci. Il faut le plaindre comme une victime! « La poursuite provoquée contre le Marquis pour complicité dans l'assassinat, dit-il, procédait de la même pensée (de défiance) et paraissait être le dernier mot d'une tactique justifiée peut-être aux yeux de sa belle-mère, par la désunion des époux » (p. 60).

Ce n'est pas le seul sujet d'étonnement. Qui a produit ce prodigieux résultat de faire condamner un tel seigneur quoique innocent? Qui a pu tenir en échec la vérité et l'évidence, exalter, entraîner l'opinion entière dans la France, et même dans le monde, dominer le redoutable parlement de Toulouse, dicter ses arrêts

[1] Cela est si vrai que le parlement lui-même le constate à sa manière. Le 27 mai 1667, il évoque l'affaire et nomme deux commissaires. Or pour cela il expose que le sénéchal et le prévôt de Montpellier ne sont pas assez en autorité pour faire la procédure, « **les prévenus étant des personnes « qualifiées, ce qui pourrait causer l'impunité, étant « très important d'y remédier promptement....** »

en dépit de la justice? Tout simplement une femme, une femme profondément affligée, Mme de Rossan, la mère de l'infortunée Marquise. C'est elle qui est constamment chargée par notre auteur des plus graves accusations (voir p. 25, 26, 28, 29, 39, 40, 45, 61, 75, 76, etc.). C'est le mauvais génie de la famille, exerçant une influence immense, irrésistible et tout à fait funeste. Ainsi, c'est elle qui fait prendre à sa fille des dispositions défavorables à son mari. Elle affaiblit le lien conjugal et manque à ses devoirs de mère, en agissant dans des vues égoïstes. Si elle n'avait pas fait faire ce testament d'Avignon, le Marquis n'aurait pas été irrité, il n'aurait pas laissé sa femme à ses frères, et tous ces malheurs ne seraient pas arrivés (p. 61).

Mais pour soutenir ce système, qu'on le remarque bien, il a fallu porter une grave atteinte au caractère de la Marquise elle-même ; il s'affaiblit en effet, il se voile et se ternit. Elle devient une personne très indécise, à la volonté flottante, subissant constamment l'influence de son entourage, mais en définitive docile à sa mère seule. (V. p. 26, 39-40, 45.) Et avec tout cela elle est accusée une fois d'agir brutalement. Oui, le mot de *brutal* s'y trouve (p. 24); mais au lieu d'être appliqué au bourreau, il l'est à la victime ! Certes ce portrait est loin d'être ressemblant. Elle avait, au contraire, en même temps qu'un grand fonds de bonté, beaucoup d'indépendance et de fermeté, comme on l'a vu. Elle savait au besoin prendre des résolutions promptes et énergiques. Elle aimait sans doute sa mère, auprès de qui elle cherchait secours et consolation dans ses maux si cruels. Mais devant elle, elle gardait sa volonté et lui opposait parfois une ferme résistance. Elle le montra bien, après les horribles attentats qui entraînèrent sa mort, lorsque sa mère voulait qu'elle rompît avec son mari ; et cependant elle ne s'abusait pas au fond sur le compte de ce dernier [1].

Quant aux frères, comment les disculper totalement? C'est absolument impossible. Toutefois, M. Aragon trouve moyen d'atténuer singulièrement leur crime. D'abord pour eux, pas plus que pour leur aîné, il ne peut être question du mobile de la cupidité. Ils n'ont pas convoité l'héritage de leur belle-sœur pour la maison de Ganges. Ils ont eu pour elle une passion assez naturelle, étant donnée cette merveilleuse beauté. Les scènes de l'empoisonnement et de l'assassinat sont étrangement voilées, simplifiées. C'est un romancier, Dumas père, qui donne l'explication de tout le mot de l'énigme ! On rappelle le mot d'un de ses personnages : « Elle me résistait, je l'ai assassinée. » (p. 20-21) [2]. Les faits le mieux attestés sont

[1] La signature de la Marquise, que l'on trouve dans le testament de Sauve, conservé dans l'étude d'un notaire de cette petite ville, et reproduite par M. Aragon, confirme nos appréciations. Ses traits sont nets et vigoureux. Ils ne dénotent point de dureté, mais point de faiblesse de caractère non plus.

[2] M. Alexandre Dumas père s'est précisément occupé de la Marquise. Il a mis naturellement du sien dans son récit ; mais, chose remarquable, il a été bien plus fidèle à la vérité historique. Il n'a pas songé à renouveler un de ses drames et à rappeler le mot d'un de ses personnages. Il a reproduit en somme le dire des témoins. Du reste, tandis que M. Aragon ne veut connaître chez les beaux-frères qu'un mobile du crime, l'amour impur, le récit de l'officier ne le laisse même pas soupçonner, ainsi que le fait remarquer Fortia d'Urban. Certes nous ne le nions pas, car nous avons pour garant Gayot de

plus ou moins révoqués en doute ; les détails sont niés ou se perdent dans le mystère. Par suite de ces préoccupations, il y a des phrases qui deviennent obscures. Ainsi elle aurait préféré « *la mort à la honte* » (p. 51). Qu'est-ce que cela veut dire? On ne lui donna pas le choix entre la mort ou la honte, mais bien entre plusieurs genres de mort.

Nous pouvons relever chez lui des explications plus qu'étranges. A propos de la crème empoisonnée servie à la Marquise, il parle de commentaires exagérés. « Le fait pouvait être accidentel, dit-il, et il l'était sans doute en le supposant vrai » (p. 33). L'infâme Perrette avait de dépit jeté une énorme cruche sur la fugitive qu'il n'avait pu arrêter. « Le fait était peut-être accidentel », insinue-t-il encore. Il se trouve en possession des bijoux de l'infortunée qu'il a aidé à vouer à la mort. Probablement il les avait volés, ou bien les complices, notamment le Marquis, les lui avaient donnés en récompense de ses services. Mais M. Aragon ne voit là qu' « une charge apparente contre lui », et il suppose ingénieusement que « si son interrogatoire et le procès-verbal de la question ordinaire et extraordinaire qu'il eut à subir n'eussent point disparu, on aurait peut-être l'explication de cette possession de bijoux » (p. 66); comme si la destruction de ces pièces n'avait pas, selon toute vraisemblance, été opérée précisément par les amis des coupables.

Notons des omissions graves ; ainsi le vomissement

Pitaval qui l'a vu dans les pièces du procès, comme nous avons dit. Mais il n'est pas raisonnable de ne voir que cela, et de nier le rôle que l'intérêt a joué dans cette triste affaire.

que provoqua la pauvre empoisonnée. M. Aragon veut-il croire qu'elle s'est donné la mort volontairement, et ce fait, qu'il passe sous silence, gênerait-il trop ses vues? Nous n'en savons rien du tout, mais on peut se poser la question. — L'Abbé envoya tout de suite son valet ou son page qui, faisant des prodiges de vitesse, vint annoncer les évènements au mari à Avignon. Pourquoi cacher cette circonstance si grave et significative, si ce n'est parce qu'elle est accablante pour le Marquis? Celui-ci, recevant la nouvelle de l'assassinat de sa femme, n'en dit rien ce jour-là, n'en fit rien connaître à ses amis qu'il vit. Comment expliquer son silence, s'il est innocent? Il est donc commode de n'en rien dire, ainsi que des menaces atroces qu'il avait faites à sa femme dans des accès de fureur, lui annonçant qu'il lui ferait subir toutes sortes d'horreurs, et le plus expressément du monde, *qu'il l'empoisonnerait.*

Parfois certains faits sont signalés, mais de telle sorte qu'il serait impossible d'en soupçonner la vraie nature et la gravité. Ainsi, lorsque le Marquis arrive auprès de sa femme mourante, et que, se rassurant en voyant sa générosité, il a la bassesse de vouloir en profiter pour demander la confirmation du testament de Sauve, ce qui révolte la pauvre empoisonnée, malgré l'effort qu'elle fait pour se contenir, M. Aragon glisse rapidement sur cette scène : « Cependant, un mot ayant été dit sur le testament de Sauve, elle aurait déclaré que celui d'Avignon contenait ses dernières volontés » (p. 53).

Par suite de ses préoccupations, il est entraîné à tomber dans une contradiction étonnante dont il ne s'aperçoit pas. Ainsi la Marquise, retirant à son mari les avantages qu'elle lui avait assurés, évidemment à la suite de mauvais traitements de sa part, est accusée d'avoir commis une « *révocation brutale* » (p. 24). Plus loin, oubliant son système, il rend hommage à son caractère et montre qu'elle est exempte d' « une sécheresse de cœur qu'on n'a jamais pu lui reprocher » (p. 33).

Il y a parfois des assertions d'une complète inexactitude : « Que s'était-il donc passé entre les bourreaux et leur victime ? La Marquise aurait seule pu le dire, si l'état déplorable dans lequel on l'avait laissée lui avait permis de s'expliquer... Comme les acteurs du drame étaient seuls, on doit en conclure que la scène d'empoisonnement dont il (l'auteur, ou plutôt les auteurs des anciennes relations) raconte les incidents est hypothétique » (pp. 49, 51, etc.). A voir les efforts qu'il fait pour persuader que la Marquise n'a pu rien révéler, qui soupçonnerait qu'elle vécut encore dix-neuf jours avec sa pleine intelligence, qu'elle vit beaucoup de personnes, qu'elle eut deux fois un long entretien avec le magistrat enquêteur de Toulouse, sans parler d'autres ?

Il n'est pas très exact non plus de dire que lorsqu'elle fuyait par les rues de Ganges, « des passants la firent entrer chez un voisin » (p. 48), et de laisser croire que les beaux-frères ne survinrent qu'après qu'elle avait été reçue et soignée. Il est contraire à la vérité d'affirmer que le Chevalier, ayant pénétré dans la maison et poignardé sa belle-sœur, lui et son frère l'Abbé « disparurent aussitôt pour ne plus revenir » (p. 49). On a vu comment les choses se passèrent réellement, et qu'ils se montrèrent autrement barbares.

Quant à l'assertion que le Marquis aurait eu tout à

perdre à la mort de la Marquise (p. 52), elle nous étonne au plus haut point. Nous avons bien montré ce qu'il en est.

Nous avouons aussi comprendre bien difficilement qu'un ancien magistrat incline à donner son approbation au testament de Sauve, fait *le poignard à la gorge*, suivant l'expression qu'avait employée à l'avance la Marquise même, ou qu'il soit disposé à préférer celui de Ganges (olographe) qui ne valait pas mieux (p. 45).

On remarquera que jusqu'ici nous n'avons pas dit mot de Mme du Noyer, sur laquelle notre auteur déverse plusieurs fois sa mauvaise humeur. Il a autant et plus d'antipathie contre elle que contre Mme de Rossan. Il lui en veut comme si elle avait elle seule inventé et fait croire les sinistres évènements que nous avons racontés. Nous ne pouvons approuver ses attaques, du reste inutiles, contre elle. En effet, nous pouvons nous passer absolument des allégations de cette hardie chroniqueuse qui, du reste, a fort peu parlé de la Marquise. Elle s'occupe beaucoup, il est vrai, des autres membres de la famille ; mais sur elle, sur le crime qui occasionna sa mort, les circonstances et les causes de celui-ci, elle est très peu au courant et ne s'y arrête pas. Voici à peu près tout ce qu'elle en dit : « Mme Durban, fille de cette marquise qui perdit la vie par les mains des deux frères de son mari, qui se servirent du fer et du poison pour se défaire de cette belle infortunée. On n'a jamais bien pu pénétrer leurs motifs. Bien des gens ont cru que le mari les avait engagés à lui faire ce sacrifice ; cependant le parlement de Toulouse se contenta de le condamner à un bannissement perpétuel et de confisquer ses biens, et l'on fut surpris de ce jugement mitigé, qui est trop doux ou trop rigoureux, et qui coûta la vie au marquis de la Douze, etc. » Une fois, à Avignon, elle eut l'occasion de voir M. de Ganges dans le jardin du commandeur Maldachini. Elle est tout étonnée de le trouver si jeune, et, malgré l'horreur qu'elle éprouve, elle le représente « beau comme un ange, la physionomie du monde la plus douce »[1]. On le comprendra donc sans peine : l'exécution de Mme du Noyer comme auteur nous laisse, au point de vue restreint de notre étude actuelle, complètement indifférent. Qu'elle soit digne ou non de confiance, peu nous importe ; le récit que nous avons fait n'en est pas du tout modifié.

Ainsi nous sommes bien à l'aise et bien indépendant pour la juger. Eh bien, la condamnation que M. Aragon prononce contre elle nous paraît décidément injuste. Il tombe sous les sens que si l'on veut récuser tous les témoins qui ne sont pas d'une moralité irréprochable, d'une pureté complète, d'une austérité évidente, l'histoire est presque toujours impossible, et les tribunaux doivent presque toujours rester muets. S'ils devaient au préalable confesser les témoins à ce point de vue, que de lenteurs interminables ! Combien peu d'affaires pourraient être jugées ! Combien de criminels seraient assurés de l'impunité ! En bonne logique il faut se demander simplement si les témoins ont voulu nous tromper ou si, malgré leurs bonnes intentions, ils ont été induits en erreur. Or

[1] *Lettres historiques et galantes de Madame du Noyer, contenant différentes histoires, aventures, anecdotes curieuses et singulières.* Nouvelle édition, à Londres, MDCCLVII, t. I, p. 21 et 81.

cet auteur féminin qu'on s'efforce tant d'incriminer, n'a aucun intérêt à nous tromper, et il serait plus que difficile de prouver qu'elle en a eu le désir. A-t-elle été induite en erreur? Elle reproduit, il est vrai, ce qu'elle entend dire, ce qui circule dans le public. Mais c'est déjà intéressant de constater les mouvements de l'opinion; il y a là évidemment de précieuses révélations. De plus, comme nous l'avons remarqué, le public pouvait parler pertinemment des attentats commis contre la noble et malheureuse femme, puisqu'il en avait été en grande partie témoin. D'innombrables personnes avaient vu elles-mêmes la fureur des assassins qui, à tout prix, voulaient sa mort, et beaucoup avaient pu, au moins pendant les premiers jours de sa maladie, entendre ses émouvants récits sur l'empoisonnement.

Mme du Noyer a beaucoup voyagé. Esprit très ouvert et curieux, elle était particulièrement bien placée pour savoir une foule de particularités, de faits piquants que, sans elle, nous ne connaîtrions pas. Que La Harpe la condamne au point de vue littéraire, qu'un moraliste blâme sa conduite plus d'une fois légère, inconvenante, nous n'y contredirons point. Mais cela n'autorise pas à déclarer faux tout ce qu'elle raconte, à dire qu'elle n'est jamais un écho utile, un chroniqueur exact.

Après ces observations, dont la justesse frappera tout esprit non prévenu, précisons un fait important, abordons un point particulier. Cette dame rapporte que M. de Ganges, pour éluder la condamnation qui l'avait frappé, se mit dans les bonnes grâces du féroce Bâville, secondant ses vues pour faire convertir les protestants. Il obligea ses vassaux à aller à la messe.

M. Aragon ne manque pas de prendre fait et cause pour le Marquis, et de faire tous ses efforts pour le purger de cette grave accusation (p. 72). Or nous avons pu faire sur ce point une lumière abondante : ce triste personnage joignit bien réellement à tous ses crimes, déjà si nombreux et affreux, celui de persécuteur implacable. Une famille suisse (du canton de Vaud) conserve un précieux manuscrit qui en donne la preuve éclatante. Un marchand de Ganges, nommé Jean Nissolle, expatrié à la révocation de l'édit de Nantes (1685), et qui parvint, après bien des traverses, à se réfugier sur cette terre hospitalière, raconte ses malheurs, ainsi que ceux de sa famille et de son pays. C'est à cette occasion, et sans songer à la Marquise empoisonnée dix-huit ans auparavant, qu'il nous montre M. de Ganges ardent à faire la chasse aux protestants, emprisonnant dans son château même ceux qui résistaient, et se faisant aider dans cette odieuse besogne, par six compagnies de dragons, qui portaient la terreur et la ruine dans cette petite ville. Neuf d'entre eux vinrent loger chez sa femme [1]. Ainsi la bavarde Mme du Noyer se trouve avoir dit vrai, et même la réalité est bien plus triste que ce qu'elle sait ou dit.

Elle est encore plus triste que nous ne pensions nous-même lorsque nous écrivions ces lignes. Avec cette ténacité qui le caractérisait, sans que rien l'arrêtât dans la voie du mal, avec cet endurcissement de

[1] Ce très intéressant récit de Jean Nissolle a été inséré dans le *le Bulletin de la Société pour l'histoire du protestantisme français*, t. X, p. 442, et XI, p. 43. — Ce M. de Ganges ne peut être le fils qui commandait un régiment de dragons, et était absent.

conscience qui le rendait étranger à toute délicatesse, à tout sentiment de l'honneur, le Marquis déploya un grand zèle contre les protestants et n'épargna rien pour leur nuire. Comme le prouve un très important document [1], il ne craignit pas d'employer pour cela

[1] Voici ce précieux document : Lettre de Chamillard à Basville : « **Versailles le 12 février 1706. M. de Gan-« ges m'escrit que le nommé Lacombe qui a servi « utilement dans la guerre des Cevennes, luy a « fait voir une lettre d'un de ses neveux qui sert « avec Cavalier, par laquelle il luy mande qu'ils « doivent faire des mouvements au printemps pro-« chain et le prie de luy en faire reponse sous « l'adresse de M. Albertin, marchand à Ambrieu, « pour rendre à mad. Maveu à Boby. Je vous « donne avis de tout ce détail pour en faire l'usage « que vous jugerez à propos.** » Archives du Ministère de la Guerre, volume 1911, folio 385. Aurait-on l'idée de dire que cette lettre est adressée au fils du trop fameux marquis ? Mais celui-ci, colonel d'un régiment de dragons, brigadier des armées du roi, était très souvent absent. Et quand même il serait prouvé qu'il s'agit ici de lui, il faudrait encore prouver que le père ne s'est pas servi de son nom et n'a pas agi sous son couvert ; car ce qu'on sait de ce fils, nous le montre, capable de générosité et peu enclin à être persécuteur. Du reste son oncle François, à qui avaient été donnés les biens de ses frères coupables, s'empressa de les lui rendre. Son absolu dévouement bien connu pour son frère aîné (le mari de Diane de Joannis), nous donne la certitude qu'en rendant au fils de ce dernier ses biens confisqués, il a pris ses précautions pour assurer au père tous les avantages. En fait celui-ci a bien dû, comme l'affirme Mme Dunoyer, habiter ordinairement le château de Ganges et s'y conduire en maître.

L'acte par lequel les biens de Ganges furent mis en la possession du comte, se trouve aux archives de Montpellier (liasse B, registre des lettres patentes, p. III, verso, et non p. 384, comme dit M. Aragon, p. 83). Il porte ce titre : *Don des biens confisqués appartenant à Charles de Latude marquis de Ganges et à* les moyens les plus déloyaux : il avait des espions jusque chez les Camisards. Par la trahison, il recueillait ainsi des avis fort utiles aux persécuteurs. En outre, il ne lui suffisait pas de les transmettre au cruel Bâville, dont la complicité lui assurait l'annulation de sa condamnation, et qui payait ses honteux services en le laissant séjourner tranquillement dans ses terres, comme s'il eût été un excellent et recommandable gentilhomme. Avec le temps il s'était enhardi : il prétendait faire valoir ses services à la cour. Il écrivait

Henri et Bernard de Ganges, ses frères, en faveur du sieur François de Cassillac de Latude de Ganges. — Cette pièce est du 7 avril 1680. — Fortia (p. 193) dit, évidemment par erreur, qu'il eut en 1667 la confiscation des biens de son frère aîné, qu'il remit à son neveu en 1680. Mais à travers cette erreur nous pouvons discerner la réalité que celle-ci explique. Cela tend à confirmer ce que nous venons de dire, que Charles, le Marquis coupable, après sa condamnation n'en continua pas moins à gouverner ses terres par l'influence de son frère François qui faisait tout pour lui, ou sous le nom de son fils Alexandre. Du reste ce même auteur (p. 169) nous le montre faisant du zèle contre les protestants pour gagner la faveur de Bâville. Il n'a pas de doutes là-dessus.

Ce n'est pas tout. Sur le séjour prolongé à Ganges, voici une nouvelle confirmation de ce qui est pour nous une vérité acquise. Nous avons un témoignage inattendu qui peut provenir de l'avocat lui-même du Marquis, Jacques de Rapin, Ier de Thoyras, avocat en la Chambre de l'Edit de Castres. Dans les *Mémoires* manuscrits, écrits par un de ses fils, Charles de Rapin, sieur de Puginier, nous trouvons le passage suivant : Le marquis de Ganges, dit-il, « **fut condamné à « un bannissement perpétuel, quoi qu'il me semble « avoir ouy dire qu'il avoit toujours demeuré depuis dans sa maison, mais sans paroitre dans le « monde.** » (Communiqué par M. R. de Cazenove de Lyon, possesseur de ces *Mémoires* inédits.)

donc au ministre de Louis XIV, Chamillard qui entretenait Bâville de ses communications. Peut-être, il est vrai, faisait-il à cette époque écrire son fils, qui pouvait être depuis peu rentré dans ses foyers ; peut-être prenait il son nom ; peut-être laissait-il quelque équivoque là-dessus, le nom de *Marquis de Ganges* pouvant s'appliquer à l'un et à l'autre, malgré sa déchéance officielle. Quoiqu'il en soit, nous croyons fermement qu'à lui revient la responsabilité morale de ces odieuses menées.

M. Aragon a une manière fort étrange de faire de l'histoire. Aux preuves qui précèdent, ajoutons celles-ci : « On peut lire, dit-il (p. 73), dans le registre des abjurations de Ganges, que le 3 décembre 1669, pendant que le Marquis tenait prison close à Toulouse, Antoine Pompeyrac, malade dans son lit, abjura l'hérésie de Calvin en présenee de Jeanne de Saint-Etienne et de son fils, noble Gabriel de Latude, témoins ». Il en conclut qu'avant l'arrivée de Bâville en Languedoc (1685), la mère du Marquis et un des fils de cette dame, « présents sur les lieux, étaient obligés d'exercer cette surveillance sur tous leurs vassaux ». Mais ce prosélyte tout roturier ne peut pas du tout être considéré comme un vassal. Ici, assurément, une explication bien simple s'offre à l'esprit. Elle est si naturelle qu'elle s'impose. Aux approches de la révocation de l'édit de Nantes, à laquelle on tendait déjà, lentement, mais sûrement, cet acte de prosélytisme auprès d'un malade, ne prouve que le zèle très intéressé de cette famille, désireuse d'avoir l'appui des puissants du jour, la faveur du clergé et de la cour pour adoucir, pour éluder en fait la condamnation prononcée contre son chef. D'ailleurs M. Aragon serait fort embarrassé de dire par qui ou par quoi ces gens étaient autrement obligés, à cette date, d'employer leur crédit à faire des conversions, à part les motifs que nous avons indiqués.

On peut dire qu'il n'y a pas de point d'histoire mis dans une lumière plus vive que ce qui concerne les persécutions de Louis XIV. La très inique Révocation de l'édit de Nantes a inauguré définitivement une ère d'abominations dignes des empereurs romains. Il est, de plus, avéré qu'elle a produit les résultats les plus désastreux. Elle a ravi à la France le meilleur de ses ressources de toute espèce, le meilleur de son sang, le meilleur de ses richesses, dont les autres nations ont su profiter. On sait en particulier que le féroce Bâville se rendit tristement fameux par la plus dure oppression, par l'immolation d'une foule de martyrs. Or voici à quoi tout cela se réduit dans notre auteur : « Des inspecteurs catholiques étaient choisis dans les communautés (paroisses) pour empêcher la tenue des assemblées illicites dans les lieux écartés, où l'on se réunissait clandestinement pour les prêches, ce qui était, disent les délibérations de ces communautés, de nature à troubler la tranquillité de l'Église. La nomination de ces inspecteurs fut une des premières mesures prises par M. de Basville, après son entrée en fonctions, qui eut lieu en 1685, et rien ne prouve qu'à cette époque le marquis résidât d'une manière fixe à Ganges ». Sans nous arrêter à ce dernier point, pleinement éclairci pour nous, constatons que M. Aragon n'ignore pas pourtant la sinistre célébrité de Basville; il cite lui-même le mot de Mme de Sévigné et celui de Saint-Simon, ce dernier l'appelant *le tyran de la pro vince*, et la première, *la terreur du Languedoc*. Nous aimerions du reste de savoir pourquoi (p. 72 et 73) il évite d'employer le terme de *protestants* et préfère celui de *nouveaux convertis*, qui rappelle tant d'injustices, de mensonges et de cruautés.

Enfin une dernière remarque. Il conclut par un vœu bien étrange que nous ne sentons pas le besoin de nous approprier. Après avoir rappelé combien la malheureuse Marquise fût maltraitée par ses beaux-frères, ainsi que par les versificateurs (ceux-ci pourtant bien intentionnés assurément), il s'écrie en terminant : « *Puisse notre esquisse ne pas mériter la même critique.* »

Citons l'opuscule de *Lefeuve* [1] qui, s'occupant peu de la Marquise, raconte surtout les aventures de sa fille, Mme d'Urban. Son style est souvent bizarre, parfois même obscur. Il est tombé dans quelques erreurs que nous pouvons relever après M. Aragon. Ainsi, il fait mourir la première à Montpellier, dans l'hôtel de Vissec de Ganges, comme il dit (Vissec de la Prade d'après M. Aragon). Dans une circonstance, il commet la faute qu'il reproche vivement à plusieurs de ses devanciers. Trompé par une fausse mention au-dessous du cadre, il a cru que le portrait qui se trouve à l'Hôpital général de Montpellier représente cette infortunée martyre du devoir. Or c'est celui de sa belle-sœur, la peu recommandable comtesse de Ganges, fameuse par ses intrigues avec le cardinal de Bonzi, épousée dans des circonstances bizarres par le

[1] *La fille de Mme de Ganges et Thérésa de Béarn, particularités historiques*, par M. Lefeuve, Paris 1880.

comte de Ganges, frère du Marquis, ce qui ne releva pas l'honneur de la maison.

Mentionnons pour mémoire un certain nombre d'ouvrages dont les auteurs ont plus ou moins mêlé aux faits historiques le produit de leur imagination [1]. Inutile de dire que nous n'avons jamais puisé nos renseignements dans ces sources suspectes, si ce n'est peut-être dans les notes.

Il existe, paraît-il, une histoire de Marie de Rossan, la mère de la Marquise. Mais nous n'avons pu nous la procurer.

II. Documents manuscrits. — On devrait trouver à Toulouse, aux archives judiciaires, le résultat de l'enquête, les dépositions des témoins. Mais tout cela manque. Ces pièces ont-elles été perdues ou détruites pendant la période révolutionnaire, comme le dit M. Aragon ? Ou bien le Marquis lui-même qui, on le sait, était appuyé et protégé par de puissants prélats, des magistrats, des gouverneurs comme le féroce Basville, a-t-il réussi à les faire disparaître

[1] *Causes célèbres du dix-septième siècle ; la Marquise de Ganges :* dans la Mosaïque du Midi, 6e année, Toulouse 1842, p. 81.

Les enfants de la Marquise de Ganges ou les expiations, par Francis Wey.

Une famille tragique, par Charles Hugo.

Les Crimes célèbres (*la Marquise de Ganges*), par Alexandre Dumas.

La Marquise de Ganges (par M. de Sades), 1813, 2 volum. in-12.

En 1815, le 18 novembre, on a représenté à Paris, sur le théâtre de la Gaîté, la *Marquise de Ganges ou les Trois frères*, mélodrame par MM. Boirie et Léopold, 1815, in-8°.

pour voiler sa culpabilité et celle de ses complices? Nous ne savons, quoique la dernière hypothèse nous paraisse assez probable. Pourtant on n'a pas pu ou osé détruire au registre l'arrêt de condamnation et quelques pièces de forme dont nous avons fait prendre copie. Nous saurons tirer parti de ces précieux restes.

D'un autre côté nous ignorons si les archives d'Avignon, où les autorités pontificales procédèrent à une information, renferment d'autres documents que ceux rapportés par Fortia d'Urban.

Les archives de Ganges offrent quelques ressources. Au commencement du règne de Louis-Philippe, il y avait dans cette petite ville un commissaire de police nommé Reclus, homme intelligent et studieux, à l'esprit ouvert, curieux des choses du passé. Il a pu aborder les archives du château et il a copié diverses pièces formant un cahier. Quelques-unes se rapportent à notre sujet, notamment les consultations de deux avocats romains : l'une du s. *Acceli*, signée *P. Pompon de Vecchis*, l'autre de M. le Marquis *Rottini*. Nous n'avons pas manqué de les mettre à profit.

Le registre des délibérations du conseil porte quelques indices intéressants. Cependant le triste évènement lui-même n'y a laissé aucune trace directe, et cela sans qu'on n'ait rien enlevé, car un même feuillet renferme une délibération antérieure et une autre délibération postérieure au crime. Mais un secrétaire, dont le concours nous a été fort utile, M. L. Bastide, nous a signalé une délibération du cahier des comptes des consuls. Là se trouvent quelques nouveaux renseignements inédits. Nous avons trouvé quelques autres pièces qui ne sont pas sans valeur, et que nous reproduisons dans les notes.

Nous devons une chaleureuse reconnaissance à M. Raoul de Cazenove, de Lyon, qui ne s'est pas épargné pour nous aider dans nos recherches. Ceux qui le connaissent savent d'ailleurs avec quelle amabilité et quel empressement il aime à rendre service. En particulier il nous a transmis copie d'un passage extrait de *Mémoires* de famille qu'il avait utilisés pour son bel ouvrage sur la famille de Rapin, à laquelle la sienne se rattache, et d'où lui viennent ces importants papiers. (Outre cette grande publication, il a fait paraître, par l'organe de la société de Toulouse, propagatrice de bons livres, un abrégé fort intéressant sous ce titre : *Rapin-Thoyras, sa famille, sa vie et ses œuvres.*) Dans ce morceau inédit, nous trouvons quelques indications importantes que nous n'avons pas négligées. Elles proviennent, par son fils, de Jacques de Rapin, premier de Thoyras, avocat à Castres, père de l'historien. Ce Jacques de Rapin fut justement choisi pour avocat du Marquis. Quoiqu'on fût à une époque où se préparait de loin l'irréparable révocation de l'édit de Nantes, où l'on cherchait à amoindrir le protestantisme par tous les moyens, on n'a pas à s'étonner de ce choix d'un huguenot ; il était habile de le faire. Cela n'empêcha pas ce seigneur peu reconnaissant de devenir un implacable persécuteur des coreligionnaires de celui qui l'avait défendu.

Nous sommes heureux d'ailleurs de payer notre dette de reconnaissance envers tous ceux qui nous ont prêté leur bienveillant concours, et spécialement envers ceux qui nous ont communiqué des pièces inédites ; ainsi M. le pasteur Corbière, bien connu pour ses travaux historiques qui ont élucidé plus d'un point, nous a donné copie des actes où le baptême du fils du Marquis est rapporté et accompagné de curieuses attestations. C'est l'archiviste de la préfecture, le remarquable érudit M. de la Pijardière, qui lui a procuré ces pièces. D'un autre côté, M. le pasteur Vielles d'Anduze, à qui nous devons la publication d'un magistral opuscule de Calvin et des mémoires du camisard Monbounoux, nous a envoyé, avant de la publier, la précieuse lettre de Chamillard, qui nous révèle si bien les sentiments et la conduite de M. de Ganges. Nous ne devons pas oublier M. le pasteur Gagnebin, qui a bien voulu faire, touchant l'Abbé de Ganges, des recherches en Hollande et notamment à Amsterdam. Elles n'ont abouti qu'à un résultat négatif : il n'a pu trouver trace du personnage, ce qui s'explique sans doute par un second changement de nom. Lorsqu'il dut fuir en toute hâte la petite cour de Vianes, où il était connu sous le nom de M. de la Martelière, il est probable qu'il en prit un autre. Remercions aussi M. A. Falguière (du Vigan), qui nous a donné quelques renseignements et communiqué des pièces sur les familles de Ganges et de Soubeyras.

III. Sources orales. — Le souvenir de la noble femme qui périt à Ganges, il y a plus de deux siècles, y est encore vivace comme il l'est à Avignon, son pays natal. Les sanglantes persécutions du XVII$_{e}$ et du XVIIIe siècles, les convulsions de la République, les incessantes guerres de l'Empire, les révolutions suivantes n'ont pu l'effacer. Nous avons recherché fort diligemment ce que la tradition orale en a conservé.

Nous avons recueilli, par exemple, ce que nous avons pu d'une complainte que chantent dans leurs ateliers les fileuses de soie. Elle racontait primitivement le drame tout au long, croyons-nous. Mais bien des couplets paraissent décidément perdus. Quoique nous ayons noté avec soin ce qui reste, nul ne peut s'abuser sur la valeur historique et littéraire de cette pauvre production. Mais elle est intéressante en ceci qu'elle prouve la profonde pitié ainsi que l'estime que la population a toujours eues pour cette infortunée.

Un long séjour à *Gorniès*, nom moderne qui a remplacé celui de *Soubeyras*, nous a permis de faire la lumière sur un point important. C'est là que le Chevalier resta secrètement, comme dans un refuge assuré. Il se tint caché dans ces lieux escarpés, de difficile accès alors, soit dans le château, soit dans les retraites sauvages qu'offrent les rochers abruptes des environs. Evidemment, ce n'était pas à l'insu du Marquis, ce qui achève, si c'était nécessaire, de démontrer sa culpabilité. La tradition est encore ferme. Effacée de la mémoire de plusieurs, elle a laissé chez d'autres des traces plus ou moins vives qui ne nous permettent aucun doute sur sa certitude. Chez quelques-uns elle est très précise, et même un vieillard, qui connaît particulièrement les lieux, a pu nous indiquer, dans les ruines de Soubeyras, l'endroit où ce criminel, à sa mort, a été déposé, et qui était autrefois voûté. Les faux bruits qu'on fit courir n'étaient donc que pour dérouter l'opinion.

Outre les sources imprimées que nous avons citées, il existait, et il existe encore une histoire plus détaillée de la Marquise. Peut-être y en avait-il même plusieurs. Quoique nous ayons la pensée que ces ouvrages n'ont pas tous péri, nous n'avons pu nous les procurer. Mais deux hommes qui, à part l'un de l'autre, en ont vu et lu, nous en ont parlé. L'un est un vieillard de plus de quatre-vingts ans qui, enfant, apprenait à lire dans un de ces livres, en deux volumes. Nous avons recueilli avec soin ce qu'il a retenu et nous a transmis. C'est lui qui a ravivé en nous un souvenir lointain presque effacé. Nous avions, étant tout jeune, à Ganges, entendu répéter, nous semble-t-il, un mot qui prouve que la Marquise blâmait énergiquement les persécutions contre les protestants. Or ce vieillard a fermement confirmé, d'après le souvenir de ses lectures, cette donnée si précieuse et qui pourrait suffire à la gloire de cette noble femme. Elle mérite donc d'être, avec Vauban, par exemple, mise dans cette élite qui regrettait ou déplorait la conduite insensée de Louis XIV à l'égard des meilleurs de ses sujets. Comprenait-elle toute l'étendue des sacrifices auxquels la France aurait à se résigner en pure perte et pour sa honte, la profondeur de la ruine à laquelle elle était condamnée par ses gouvernants ? Nous n'en savons rien ; nous en doutons même. Mais la générosité et la bonté de son cœur lui suffisaient pour l'élever au-dessus des odieux préjugés de son temps, et lui donner la force morale de résister à cet entraînement général qui, sous l'influence du clergé, poussait à l'accomplissement de ces criminelles folies.

Un autre habitant de Ganges avait eu en sa possession une histoire qu'il avait lue un peu superficiellement. Il se souvenait d'un fait que nous n'avons vu rapporté nulle part : une tentative d'assassinat commise sur la marquise au Caylar. — Du reste, pour être bien précis, nous avons mis entre signes particuliers *], ces renseignements venus oralement de sources imprimées.

APPENDICE II

Les portraits de la Marquise. — Recueillons à ce sujet quelques renseignements. M. Aragon, après avoir dit que la Marquise, devenue veuve, revint à Avignon, ajoute (p. 14) : « Son portrait, dû au pinceau de Mignard *le Romain* est de cette époque. » Il nous paraît qu'il y a ici une double erreur : il n'y eut pas un unique portrait, mais au moins deux, d'après F. d'Urban (Voir p. 5 et 9). Les deux frères en firent un chacun : Mignard le Romain à la cour (et non à Avignon), et Mignard d'Avignon dans cette ville. Pourtant M. Aragon (p. 91), à propos de Pierre Mignard, dit *le Romain*, cite ce passage de la vie de ce peintre (p. 55) : « Molière, à son retour des Etats de Languedoc, au mois de décembre 1657, trouva à Avignon Mignard qui revenait d'Italie. A cette époque Mignard fesait le portrait de la Marquise de Ganges, célèbre par sa beauté et sa fin tragique ». A-t-on fait confusion, et s'agit-il de Nicolas Mignard? On peut le croire. Celui-ci, du reste, remarquons-le, voyagea en Italie. Toutefois il ne serait pas impossible que ce frère cadet, Pierre, le plus célèbre, eût aussi fait le portrait de la Marquise à Avignon, outre celui qu'il avait fait à Paris. Cela expliquerait peut-être qu'il y ait à Avignon deux portraits qui paraissent authentiques, et qui peuvent être tous les deux de l'un des Mignard.

Un de ces portraits eut de singulières destinées. Lors de la Révolution il appartenait au Marquis d'Aulan, qui fut mis à mort. Un certain Gontier en fit l'acquisition, et un hiver qu'il manquait de bois, il se chauffa avec le cadre d'ébène. Il vendit les coins d'argent à un orfèvre et la toile à MM. Aubanel, libraires. C'est dans cette famille qu'elle se trouve. De tous les prétendus portraits de la Marquise, dit M. Aragon (p. 90), celui de M. Aubanel paraît être le moins contesté. Voici, dit-il encore, la description qu'en donnait, en 1860, un amateur distingué d'Avignon, M. B..., dont un membre de l'Université, alors en résidence au chef-lieu de Vaucluse, a conservé l'appréciation écrite que nous lui empruntons :

« La Marquise est assise dans un fauteuil garni de « velours rouge, devant une table sur laquelle sont « épars des livres et des lettres, dont l'une est datée « de 1663. Ses deux mains reposent sur la table, et « son visage, presque de face, regarde les specta- « teurs. Elle est *vêtue d'une robe bleue*, dont les man- « ches. à grands plis, sont retenues par deux galons. « De ces manches sortent des bras d'une blancheur « et d'une forme irréprochables.

« Les épaules et le sein sont nus, voilés toutefois « par une sorte de fichu de gaze. Le front, rond, est « assez grand et orné en haut d'une rangée de petites « boucles de cheveux suivant la mode du temps. Le « reste de la chevelure, qui est d'un noir décidé, à « reflets châtains, tombe en grosses boucles des deux

« côtés des joues et présente une grande analogie « avec la coiffure de Mme de Sévigné. Les yeux, « grands et bien fendus, sont de la couleur des che- « veux ; ils expriment la plus grande douceur, et l'on « pourrait dire que le peintre a fait passer dans ces « yeux l'âme du modèle.

« La bouche est vraiment ce qu'il y a de plus joli « dans toute la figure ; la forme en est irréprochable « et, comme les yeux, elle respire la bonté, la sensibi- « lité. Les lèvres, arrondies et du rouge le plus bril- « lant, tranchent admirablement avec la fraîcheur du « teint. Le nez, un peu viril, donne une certaine fer- « meté à cette physionomie si pleine de douceur. Une « santé florissante arrondit le visage, aux contours à « la fois fermes et délicats.

« Le fonds du tableau est formé par un piédestal « caché en partie par un rideau. Derrière, on voit les « branches d'un laurier. Au-delà, dans une échappée, « se distingue une porte flamande, décorée de deux « satyres et surmontée des armes de Castellane. Cette « porte ouvre sur une allée de cyprès, terminée par un « soleil couchant dans un ciel d'hiver. »

Si Mignard a fait le portrait de la Marquise en 1657, reprend notre auteur, elle n'était pas encore Mme de Ganges, puisqu'elle se remaria en 1658 ; c'est ce qui explique pourquoi les armes des Castellane figurent dans le fond du tableau. Mais comme elle ne portait plus le deuil, on peut en conclure qu'elle se faisait peindre, avant son second mariage, dans l'intention de laisser son portrait en souvenir à sa famille d'Avignon. Il n'est pas aussi facile de dire pourquoi une des lettres, placées sur la table, porte la date de 1663, si le portrait est de 1657, à moins que cette date n'ait été mise après coup, ce qui n'est pas présumable. Faudrait-il encore douter de l'authenticité de la toile de M. Aubanel sur cet indice, ou bien l'auteur du portrait en question serait-il Nicolas Mignard, marié à Avignon, où il mourut en 1668 ? Ce serait à des ex perts à en décider. Tout l'imbroglio vient de la date de 1663, qui n'y a pas été mise évidemment en 1657. »

Tel est l'avis de M. Aragon, auquel le nôtre n'est pas tout à fait conforme. Voici ce qu'il nous en semble : Ce portrait fut fait sûrement avant 1658, c'est-à-dire avant le second mariage de la Marquise. Entrée dans la famille de Ganges, l'idée n'aurait pu lui venir de se faire représenter avec les armoiries des Castellane. Inutile d'insister là-dessus. Nous pouvons pleinement admettre que cette peinture est de 1657, alors que la Marquise était veuve. Des lettres éparses sur la table semblent une allusion aux nombreuses demandes en mariage qu'elle recevait. Ce qui tend à confirmer cette supposition, c'est la circonstance qu'elle ne porte plus le deuil. La date de 1663, qu'on voit sur une de ces lettres ne peut avoir été apposée qu'après coup. Dans quel but ? Assurément elle doit rappeler quelque évènement important dans sa vie ou celle de ses amis. Or, en cette année 1663, le peintre Nicolas Mignard fut reçu à l'Académie et en devint recteur. S'il est l'auteur du portrait, il est probable qu'il a voulu, pour ainsi dire, faire à cette dame l'hommage de ses succès et se recommander à son bon souvenir. De plus, en 1663, M. de Pérussis fut nommé consul d'Avignon. Il est possible que cet ami ancien et éprouvé voulût lui montrer que les honneurs ne refroidissaient pas son affection pour elle, et qu'elle pouvait, plus que jamais, compter sur son dévouement. Enfin en 1663 mourut M. de Nochères, son grand-père et bienfaiteur. A-t-il désiré lui-même marquer ainsi la date de son testament, ou la Marquise a-t-elle tenu à consacrer par là solennellement le souvenir de celui qui l'avait aimée avec tant de tendresse, et lui avait légué sa fortune? Toutes ces suppositions sont naturelles. Pour une ou plusieurs de ces raisons, on comprend que cette date, rappelant des personnes aimées à divers titres, des affections pures et légitimes, ait été postérieurement mise sur une des lettres figurant sur le tableau.

Remarquons, à notre tour, d'étranges détails de celui-ci. Ces deux satyres, cette allée de cyprès, ce ciel d'hiver, ce soleil couchant, ces sombres perspectives, tout cela ne semblait-il pas d'un triste présage? Par quel caprice l'artiste, sans doute devin sans le savoir, a-t-il eu l'idée de peindre cet arrière-plan, plein de sinistres et trop justes symboles? A-t-il eu quelque secret pressentiment de sa lugubre destinée? Ce n'est pourtant pas probable, car il n'aurait pas osé l'exprimer.

L'image d'une *sainte Rose*, dit M. Aragon, que l'on montre à Villeneuve-lez-Avignon comme portrait de la Marquise de Ganges n'a, d'après M. B..., aucun ou presque aucun trait de ressemblance avec le tableau de M. Aubanel.

Il y avait, au château de Saint-Laurent-le-Minier, un portrait réputé de la Marquise. Nous ne l'avons pas vu. Il a été retiré depuis quelques années par la famille de Juigné, héritière et non descendante de la maison de Ganges. Avec les meubles de ce château, il a dû être transporté à Paris. D'après ce que nous avons entendu dire, il serait d'une authenticité fort douteuse.

« Un autre portrait, dit encore M. Aragon, attribué à Sébastien Bourdon, était resté dans l'hôtel de Castries, rue Saint-Guilhem, à Montpellier. Il fut acheté, en 1847, par M. de Masclary, et il a été acquis depuis par M. le marquis de Fortou, qui possède aussi une autre toile représentant, à ce qu'on croit, la Comtesse de Ganges.

On peut voir, dans la salle des Réunions de l'Hôpital Général, et dans celle de l'hôpital Saint-Eloi, à Montpellier, deux portraits qui n'ont entre eux aucune ressemblance, figurant la Marquise de Ganges, d'après l'indication tracée au-dessous du cadre de l'un et sur un coin de la toile de l'autre. Le premier appartient évidemment à l'école de Mignard : la tête est jeune et charmante; le second est d'une peinture médiocre, gâtée sans doute par les retouches, et sans rapport avec le premier. On y reconnaît cependant les traits d'une belle personne; mais aucun des deux ne reproduit la Marquise de Ganges. Celui de l'Hôpital-Général peut bien représenter la Comtesse, qui était une Gévaudan de Nîmes, belle-sœur du président Mariotte, de la Cour des Aides. Les legs de la comtesse aux hôpitaux lui ont mérité de figurer dans la galerie des bienfaiteurs, et comme beaucoup de personnes confondent encore la Marquise avec la Comtesse, on a attribué à celle-ci, sur les deux portraits, le titre nobiliaire de l'autre.

Il nous a été dit que M. de la Guéronnière avait également un portrait de la Marquise dans son château de Lézignan-la-Cèbe, et que M. Ollivier de Serres en possédait un autre provenant de l'ancien château de la Mosson, qui était, comme on sait, la propriété de M. Bonnier, trésorier général des Etats du Languedoc. Il est probable que ces deux dernières toiles représentent d'autres femmes que la Marquise; l'une d'elles ne serait-elle pas le portrait de la seconde fille du trésorier général, qui devint, par son mariage, duchesse de Chaulnes ? »

Il devait y avoir un portrait ou même plusieurs au château de Ganges, qui n'a pas été saccagé à la Révolution comme tant d'autres. On peut se demander ce qu'ils sont devenus. Quelqu'un de Ganges nous a affirmé, d'après le récit d'une de ses parentes, qu'au siècle dernier un portrait de la Marquise avait été brûlé dans la cour du château, et cette ancêtre en aurait balayé les cendres. Evidemment les seigneurs d'alors auraient été importunés par ce sinistre souvenir, et ils se seraient ainsi efforcés de l'effacer. D'un autre côté, voici ce que nous avons entendu raconter étant enfant : Un jour qu'il y avait du monde dans quelque salle ou salon du château, on parla de la malheureuse Marquise, dont le portrait ornait le mur. La châtelaine d'alors, dans un mouvement de dépit, donna l'ordre de le brûler. Une domestique ou demoiselle de compagnie, pour obéir, se mit à le décrocher. Le regardant avec mélancolie, elle ne put retenir cette exclamation : « Pauvre Marquise ! Empoisonnée pendant sa vie, brûlée après sa mort ! » Ce qu'entendant, la maîtresse aurait changé d'avis. Elle aurait ordonné, non qu'on brûlât ce portrait, mais qu'on le fît disparaître dans un mur. Ainsi il aurait été mûré. Est-ce le même fait que précédemment, avec des variations ou altérations? Est-ce un fait différent, et s'agit-il d'un second tableau? Nous ne savons.

Nous aurions voulu reproduire, par la photographie et la gravure un des portraits qui sont à Avignon, comme nous avons dit. Mais il y a impossibilité absolue.

NOTES

ET PIÈCES JUSTIFICATIVES

---

[1] Certain dictionnaire d'histoire donne à la Marquise les prénoms d'Anne-Elisabeth. Cette faute se retrouve dans l'article de la *Biographie universelle*. Elle signait *Diane de Joannis* ou *Diane de Roussans*. Quant à ce dernier nom, il se présente de différentes manières; on trouve habituellement Rossan. Il ne faut pas s'étonner du fait. D'abord il était de principe, au moins dans le Midi, que les noms propres n'ont pas d'orthographe. Ensuite ces noms assez différents en apparence *Roussans*, *Rossan*, *Rousseau* (Rousseou), *Roussel*, *Rousset*, sont, croyons-nous, dans la langue d'oc ou langue romane du midi de la France, de simples diminutifs du même nom, *Rous* (signifiant *roux*).

Pour ce qui est des dates, nous suivons, sauf rectifications, celles de Fortia d'Urban qui nous paraissent en général sûres.

[2] Nous suivons Fortia d'Urban, rectifiant les fautes qui se trouvent dans des éditions des *Histoires tragiques* : « La Marquise de Ganges était fille d'un simple bourgeois d'Avignon, nommé Rousseau, et simple héritière d'un aïeul maternel nommé Joanis, sieur de Noschères. » Cet auteur-ci nie à tort la noblesse du père affirmée par F. d'Urban, et il se trompe en faisant du sieur de Joannis son aïeul maternel.

[3] Lefeuve (p. 7) prétend que Laure de Rousset de Saint-Sauveur était généralement regardée comme une descendante de Saint-Louis. Nous ne savons d'où il a pris cela.

[4] La jeune Diane de Joannis pouvait avoir les apparences d'une précocité qui n'est pas rare chez les personnes du Midi, comme on a dit, d'autant plus qu'elle jouissait d'une santé excellente. Remarquons, nous aussi, que de tels mariages, où l'âge n'entrait pas en considération, ne sont pas sans exemples. En 1697, Marie-Adelaïde, princesse de Savoie, se mariait à douze ans avec le Dauphin. Il est vrai que le mariage ne fut consommé que le 22 octobre 1699. Sans sortir de la famille, rappelons que la fille de la Marquise de Ganges, Marie-Espritte, devint en 1675, avant treize ans révolus, marquise de Perrault.

[5] Nous ne savons comment M. Aragon maintient la date erronée de 1649 rectifiée pourtant par F. d'Urban.

Dominique de Castelane, marquis d'Ampus, était fils de Henri, seigneur d'Ampus, et de Marie de Brancas-Villars. Ce jeune gentilhomme très distingué par sa naissance, était issu d'une des plus nobles et des plus anciennes maisons de Provence. Quelques membres de cette maison croient illustrer leur origine, en la faisant sortir d'un prince, fils d'un comte de Castille. Il y a effectivement en Espagne une maison de Castelane qui a pour tige Jean de Castille, fils du roi don Pèdre le Cruel et de Jeanne de Castro. Ce Jean vivait en 1366, mais une charte de 1089 parle de Boniface de Castelane et ce ne fut qu'en 1146 que les seigneurs de Castelane se soumirent à rendre hommage au comte de Provence (Fortia d'Urban). — Le duc de Villars était le père du maréchal-général qui fut élevé à cette dignité après la victoire de Denain, à ce que prétend M. Aragon (p. 12, note). A ce compte le mari de *La belle Provençale* serait le neveu du vainqueur de Denain, du pacificateur des Camisards. Ce serait fort étrange, car ce dernier naquit en 1653, six ans après le mariage du premier. En outre il ne faut pas oublier que ce héros de Friedlingen, salué sur le champ de bataille, par son armée, du titre de *maréchal de France*, et qui plus tard devait sauver la France à Denain, n'était que *marquis* d'abord. Il fut créé *duc* en 1705 ; il ne pouvait donc être fils de duc. C'est que M. Aragon est tombé par mégarde dans une assez grande erreur. Il a confondu deux maisons portant le nom de Villars. L'une (celle de ce maréchal-général dont nous venons de parler), avait pour siège un bourg de Villars près de Trévoux (aujourd'hui dans le département de l'Ain). C'était un marquisat qui fut érigé en duché en 1705, comme nous avons dit. L'autre (celle dont nous avons à nous occuper dans cette histoire) dominait sur une localité nommée aussi Villars, située près d'Apt (aujourd'hui dans le département de Vaucluse). Cette seconde maison portait le nom de Brancas. Elle obtint en 1626 que ce marquisat fût érigé en duché-pairie.

[6] Ce trait ne se trouve pas dans les auteurs. Nous l'avons recueilli dans la tradition locale (à Ganges). D'après celle-ci on voyait, à travers son gosier, ce qu'avalait la Marquise.

[7] Pierre Mignard, surnommé Mignard le Romain, à cause du long séjour qu'il fit à Rome, était né à Troies en 1610, et mourut à Paris en 1695. Son talent pour la peinture s'était annoncé dès l'âge de onze ans ; ils dessinait alors des portraits qui avaient le mérite rare d'une grande ressemblance. Cependant son père le destina à la médecine, et le plaça même chez un médecin pour étudier cet art, lucratif sans doute, mais peu agréable. Dans les visites que le jeune Mignard fesait avec son maître, au lieu d'écouter les raisonnements du docteur, il regardait l'attitude du malade et des personnes qui l'environnaient, pour les dessiner ensuite. Il n'avait encore atteint que l'âge de quinze ans, lorsque le maréchal de Vitri le chargea de peindre la chapelle de son château de Coubert en Brie. A Rome il s'appliqua à dessiner d'après l'antique, et parmi les modernes, d'après Raphaël et le Titien : ce fut sur ces modèles qu'il forma son goût pour le dessin et pour le coloris. Il s'acquit pendant son séjour en Italie, une telle réputation que les étrangers et les Italiens même s'empressaient de le faire travailler. Il avait pour le portrait un talent extraordinaire. Il portait l'art jusqu'à peindre les grâces délicates du sentiment. Il saisissait et rendait avec toute la vérité possible, non-seulement la ressemblance parfaite, mais les symptômes du caractère et du tempérament de ceux qu'il peignait. De retour en France, le roi l'ennoblit et le fit son premier peintre, après la mort de Le Brun. Il peignit six fois Louis XIV, et plusieurs fois toute la maison royale ; il fit le portrait de toutes les personnes de la cour. C'est lui qui a peint à fresque, le dôme du Val-de-Grâce, à Paris. La douceur de son caractère, les agrémens de son esprit et la supériorité de ses talens lui firent d'illustres amis : il se trouvait souvent avec Chapelle,

Boileau, Racine et Molière. (Extrait de d'Urban, p. 5, qui renvoie à Richer, t. VII, p. 260.)

[8] Toutefois Louis XIV n'était pas encore entré, à cette époque, dans la voie des persécutions violentes. Il ne les commença qu'en 1662, qu'il fit raser vingt-deux temples dans le pays de Gex. Il avait suivi d'abord la sage politique de Mazazarin et s'était contenté de priver les réformés de toute faveur.

[9] Nos relations, faites sous le trop fameux monarque, sont ici d'une réserve extrême. Elles passent rapidement et craignent d'appuyer. M. Aragon évite aussi de faire un aveu complet. Il prend des tours habiles ; ses expressions sont heureusement trouvées : « Si les attentions remarquées du souverain, dit-il (p. 13), firent un peu gloser sur le compte de la jeune femme, rien ne justifia les propos de la malignité, et l'on peut affirmer... qu'elle se retira de la cour honorée et respectée, quand son mari, officier de marine, périt sur les côtes de Sicile, dans le naufrage essuyé par l'escadre des galères de la Méditerranée (1655) ». A moins qu'on prouve le contraire, nous pensons que M. de Castellane était étranger à la marine, jusqu'au jour où le bon plaisir intéressé de son souverain le jeta brusquement dans cette carrière.

[10] On sait que Louis XIV avait l'habitude d'éloigner les maris, ou même les amants, de celles sur qui il faisait tomber ses impures faveurs. Dans la *France Galante* (ouvrage attribué à Bussy-Rabutin), il est raconté que lors de ses relations avec La Vallière, ayant envie de Mlle de Monaco, dont M. de Lauzun possédait les bonnes grâces, de concert avec elle, il donna ordre à ce dernier d'aller à l'armée occuper une grande charge, ce que ce dernier eut l'audace de ne pas accepter. D'après le même, lorsqu'il commença sa vie doublement scandaleuse avec Mme de Montespan, il voulait éloigner le mari en lui donnant de hauts emplois. Celui-ci refusa. D'après Bussy, le roi l'exila dans son pays au pied des Pyrénées. D'après d'autres, cet exil fut volontaire. Mais ce mari déshonoré pouvait-il faire autrement, et n'était-il pas obligé, au moins moralement, de s'éloigner ? L'aurait-on souffert à la cour, s'il avait voulu garder quelque dignité ?

[11] Après avoir parlé de la perte des galères en Sicile, ou périt le mari de la jeune Marquise, F. d'Urban ajoute : « Le

marquis d'Ampus [ou de Castellane] fut en effet noyé dans le naufrage que firent cinq de nos galères qu'il commandait auprès de Gênes. » Cela veut dire sans doute que ces galères stationnaient habituellement à Gènes. »

[12] Bussy-Rabutin, *Histoire amoureuse des Gaules*, etc., etc. édit. Garnier, p. 26. — Le calomnieux récit que nous avons réfuté se trouve dans Vanel, chroniqueur de Montpellier (*les Galanteries de la cour de France*). Il prétend que « la Marquise de Castellane fut cause de la mort du duc de Candale, lui ayant donné, dit-il, de trop violentes marques de son amour lorsqu'il passa à Avignon. » Saint-Evremond raconte l'anecdote, et c'est de lui que Bussy-Rabutin la tient. Mais il donne lui-même les moyens d'en établir la fausseté, comme nous l'avons montré. Plusieurs auteurs l'ont nettement repoussée, ainsi P. Boiteau, un des annotateurs de Bussy-Rabutin, M. Aragon et surtout F. d'Urban. Reproduisons rapidement ses observations.

Mme d'Olonne avait été fort alarmée des dangers que le duc courait à la guerre, en Italie; mais elle l'avait été peut-être plus par le bruit qu'à son retour, il s'était arrêté à Avignon et s'était mis en relation avec Mme de Castellane. Elle lui écrivit pour lui faire part de ses craintes : « ... On dit que vous êtes en Avignon entre les bras d'Armide [la Marquise] où vous vous consolez de vos malheurs. Si cela est, je suis bien malheureuse que vous n'ayez pas perdu la vie avec la bataille. Oui, mon cher, j'aimerais mieux vous voir mort qu'inconstant », etc. — Quoique Mme d'Olonne fît de telles plaintes et de telles protestations, elle n'en menait pas moins la conduite la plus scandaleuse avec quantité de gens qu'elle attirait chez elle. Parmi eux se trouvait justement Saint-Evremond, auteur ou propagateur de la calomnie. Le duc en fut instruit par un laconique et significatif billet de son maître d'hôtel. Au comble de l'irritation, il écrivit à Mme d'Olonne une lettre furieuse et méprisante dont voici un passage : « Vous ne pouvez rien ajouter à votre infamie. Attendez-vous à tous les ressentiments que mérite une femme sans honneur, d'un honnête homme qui l'a fort aimée... » Il était sur le point de quitter l'Italie. Il revint en passant par Avignon ; mais assiégé de sinistres pensées, sombre et accablé, il put à peine arriver à Lyon où il mourut le 28 janvier 1658. La veille de sa mort il écrivit encore à celle dont la conduite l'avait si fort indigné, à Mme d'Olonne : « Si je pouvais en mourant conserver de l'estime pour vous, il me fâcherait fort de mourir ; mais ne pouvant plus vous estimer, je ne saurais plus avoir de regret à la vie. Je ne l'aimais que pour la passer doucement avec vous. Puisqu'un peu de mérite que j'avais et la plus grande passion du monde ne m'en ont pu faire venir à bout, je n'y ai plus d'attachement, et je vois bien que la mort me va délivrer de beaucoup de peines. Si vous étiez capable de quelque tendresse, vous ne me pourriez pas voir en l'état où je suis, sans étouffer de douleur. Mais, Dieu merci, la nature y a mis bon ordre ; et puisque vous pouviez tous les jours mettre au désespoir l'homme du monde qui vous aimait le plus, vous me pourriez bien voir mourir sans en être touchée. » Mme d'Olonne était fort troublée par la première lettre. Apprenant par son amie, la comtesse de Fiesque, la mort du duc, elle fut au désespoir, et comme sans connaissance. Elle ne revint que lorsqu'on lui fit savoir que le confident de celui-ci était là, voulant lui parler. Il lui portait la lettre que l'on vient de lire, ainsi qu'une cassette contenant des lettres reçues d'elle et d'autres objets. Avant lu cette lettre elle se mit à pleurer plus fort que jamais. Mme de Fiesque, pour la distraire un peu, ouvrit la cassette et en examina le contenu. Elle lut en particulier la lettre où elle accusait Mme de Castellane. « Qu'apprends-je ? dit-elle à ce confident (Amiot) ; le duc de Candale aimait Armide (la Marquise) ? » — « Non, Madame, répondit Amiot, il fut deux jours à Avignon à son retour de l'armée pour se rafraîchir, et là il vit deux fois Armide ; jugez si cela se peut appeler de l'amour. Mais, Madame, ajouta-t-il, s'adressant à madame d'Olonne, qui vous a si bien instruite de tout ce qu'il faisait ? » — « Hélas ! dit-elle, je ne sais rien là-dessus que par le bruit public : mais il est si commun sur cette passion, et même qu'elle est en partie cause de sa mort, que personne ici ne l'ignore. »

Ainsi il ne s'agit que d'un bruit répandu par la malice publique ; et même ce bruit n'était pas bien répandu puisque la comtesse de Fiesque n'en savait rien ; et pourtant elle était dans l'intimité de Mme d'Olonne. Il est évident que celle-ci ne cherchait qu'à détourner l'attention de sa conduite ignoble et à la justifier, si possible, en attribuant à son amant toutes sortes d'aventures. Si la Marquise avait commis une faute grossière dans ces circonstances, alors qu'elle avait eu si peu l'occasion de voir Candale, et que celui-ci était rongé par le chagrin et la maladie, elle aurait fait preuve d'une dépravation absolue et n'aurait pu être la martyre du devoir, comme elle le fut plus tard. Nous tenons donc le fait pour moralement impossible, et le bruit pour calomnieux, quoi qu'il soit mentionné dans un ouvrage cité par F. d'Urban (*Nouveau dictionnaire historique* ; Lyon 1804, art. Olonne). Voici l'appréciation qu'il donne de l'auteur de l'article : « Une demoiselle d'Angeunes, femme d'un la Trémouille, mériterait plus de croyance si elle n'avait été entièrement décriée par sa conduite ; mariée d'ailleurs cinq ans après madame de Castellane, elle était sans doute du nombre de celles qu'une beauté supérieure avait rendues jalouses de la belle Provençale et avait placées dans le rang de ses ennemies » (p. 18).

Quoique cela ne se rapporte pas directement à notre sujet, il nous sera permis d'insérer ici une notice sur ce duc de Candale, que donne d'Urban, d'après un ouvrage curieux et rare (*Mélanges d'histoire et de littérature*, etc., tirés d'un portefeuille, 1809, 1 vol. in-8°, de 600 pages).

« Louis-Charles-Gaston Nogaret de Foix, duc de Candale, né à Metz le 14 avril 1627, était petit-fils du fameux duc d'Epernon, favori de Henri III, et qui se trouvant dans le carrosse de Henri IV, fut témoin passif de l'assassinat de ce prince. Ce duc d'Epernon avait épousé l'héritière de la maison de Foix. Son fils Bernard Nogaret, duc de la Valette, fut marié avec Gabrielle-Angélique, légitimée de France, fille naturelle de Henri IV et de Henriette de Balzac, marquise de Verneuil. Le duc de la Valette fut accusé par le cardinal de Richelieu d'avoir trahi le roi au siège de Fontarabie ; Louis XIII le fit, juger par une commission, qui le condamna à avoir la tête tranchée ; mais il se réfugia en Angleterre auprès de Charles Ier qui lui donna l'ordre de la jarretière. Après la mort du cardinal (arrivée le 4 décembre 1642), il revint en France. Son fils, le duc de Candale, dont il est ici question, devint en quelque sorte le prince de la jeunesse. Une belle figure, des manières nobles, une immense fortune, de grandes charges et des gouvernemens, un faste et une magnificence que les princes du sang n'effaçaient pas, lui donnaient le plus grand ustre et le rendaient l'idole des femmes. Ses grands airs, son existence à la cour et dans la société, en imposaient tellement, qu'on voit dans une lettre de Saint-Evremont intitulée : Voyage en Normandie avec M. le duc de Candale, que ce philosophe, qui était homme de condition, officier général, et fort recherché dans la meilleure compagnie, s'honorait de sa liaison avec lui. Il existe dans certains hommes un je ne sais quoi, qui leur donne une importance et une vogue dont on n'aperçoit aucune bonne raison. Le duc de Candale mourut à Lyon, le 23 janvier 1658, à trente-un ans. Son père, mort quelque temps après, ne laissa point d'héritier. Le jour de sa naissance et celui de sa mort, connus avec précision, permettent de déterminer exactement le tems qu'il a vécu et qui a été de trente ans neuf mois quatorze jours, et non vingt-sept ans, comme on l'a cru d'après l'*Histoire amoureuse des Gaules*.

Bertet, l'un des secrétaires et des confidens du cardinal Mazarin, employé par ce ministre et par la reine aux affaires les plus secrètes. et qui exerçait auprès du roi la charge de secrétaire du cabinet, répondit un jour dans le Palais-Royal, à quelqu'un qui lui vantait avec exagération la bonne mine du duc de Candale : « Je vous assure que si on lui ôtait sa moustache, et qu'on diminuât l'ampleur de ses *canons*, il serait comme un autre. » On appelait *canons* des culottes très larges et plissées que l'on portait alors. Quelques jours après, Bertet, étant dans son carrosse, en plein jour, cinq ou six hommes armés font arrêter le cocher, et disent à M. Bertet de descendre. Celui-ci, après quelque résistance, cède aux menaces. Alors l'un lui coupe sa moustache, un autre ses canons, en disant : « Voilà ce que nous a chargé de faire M. le duc de Candale, pour vous apprendre à mal parler de lui. « Le duc ne s'en tint pas là ; car ayant rencontré Bertet au Louvre, il en témoigna de l'indignation, et se plaignit au cardinal Mazarin qui, quoique protecteur de Bertet, lui donna tort et lui fit quitter Paris. Le malheureux secrétaire ne fut vengé que par Loret qui, dans sa gazette du 25 août 1652, ne ménagea nullement le duc de qui il parla en ces termes :

Ce jeune duc de grand renom
Seul fils de Monsieur d'Épernon,
Qu'on nomme monsieur de Candale,
Aimé de la maison royale,

Maintenant qu'il est à la cour,
Marquant son logis, on met POUR,
C'est-à-dire le voilà prince ;
Mais s'il fallait que je soutince
Qu'il l'est vraiment et justement,
Certes, je ne sais pas comment
Je m'y prendrais de bonne grâce ;
Car par ma foi, cela me passe. »

[13] Voici une lettre de la reine Christine à la Marquise : « Je « ne me plaindrais pas, adorable marquise, de l'usage bizarre « de votre cour, si toutes les dames étaient aussi belles et aussi « aimables que vous. Mais pourquoi faut-il que les vieilles et « les jeunes qui viennent me saluer, me baisent ! eh ! pourquoi « le font-elles avec tant de passion ? cette fureur absurde pos- « sède toute votre cour : belles et laides ont même rage ; je « ne sais si c'est à cause que je ressemble un peu à un homme ; « cela étant, elles ont grande raison, et je les approuve fort.

« Après avoir parcouru le monde, et admiré mille fois tous « les chefs-d'œuvre qui embellissent la nature, je puis vous « dire franchement, vos ennemies dussent-elles en mourir de « dépit, qu'elle n'offre rien aux ieux des mortels d'aussi beau. « d'aussi agréable, ni d'aussi parfait que vous.

« Ah ! si j'étais homme, je tomberais à vos piés, soumis et « languissant d'amour. J'y passerais mes jours ; j'y passerais « les nuits pour contempler vos divins appas, et vous offrir un « cœur tendre, passionné et fidèle. Puisque cela n'est point, « tenons-nous-en, incomparable marquise, à l'amitié la plus « pure, la plus confiante et la plus ferme. De mon côté, voilà « tout ce que je pense ; mais mes brûlans désirs ne son point « satisfaits. Vos beaux ieux, vous le savez, sont les auteurs « innocens de tous mes maux ; eux seuls peuvent, dans un « instant, en réparer l'outrage et faire mon bonheur en les « adoucissant. Me refuseriez-vous, hélas ! un de vos regards « gracieux ! non, non ; aussi sensible que belle, vous écoute- « rez avec complaisance les tendres plaintes de ma douleur « profonde, et je passerai le reste de ma vie dans un doulou- « reux enchantement.

« En attendant qu'une agréable métempsicose change mon « sexe, je veux vous voir, vous adorer et vous le dire à cha- « que instant. Jusqu'à présent, j'ai cherché partout le plaisir, « et je ne l'ai point goûté. Si votre cœur généreux veut avoir

« pitié du mien à mon arrivée à l'autre monde, je le caresserai « avec une volupté toujours nouvelle; je le savourerai dans vos « bras victorieux, et le ferai durer éternellement. Dans cette « douce espérance, je file des jours de vie, et mon bonheur « s'accroît en pensant à vous.

« Adressez donc vos prières au ciel, belle marquise, afin « que mes vœux soient exaucés, autant pour votre félicité « que pour la mienne, qui dépend entièrement de vous pour « le présent et pour l'avenir. »

F. d'Urban rapporte cette lettre, d'après un recueil publié en 1807, (par Léopold Collin), t. III. p. 193, sous ce titre : *Lettres de Marie Stuard reine d'Ecosse et de Christine, reine de Suède.* Loin de douter de son authenticité, il la goûte fort. « On verra qu'elle y exprime très vivement les sentiments dont je viens de parler, dit-il, et que son stile annonce que, toute étrangère qu'elle était, la langue française lui était assez familière, pour que l'on reconnaisse qu'elle a écrit dans le même tems que mesdames de Sévigné et de Maintenon. » M. Aragon est d'un sentiment tout opposé. « Il suffit, dit-il, d'une simple lecture de cette lettre pour reconnaître qu'elle est fabriquée, et il est surprenant que le comte d'Urban n'en ait pas fait la remarque. La collection de la correspondance de la reine Christine, due aux soins du bibliothécaire du landgrave de Hesse-Cassel, le conseiller d'Arckenholtz (1751), n'en fait aucune mention, et il ne l'aurait certainement pas omise si elle n'eût pas été apocryphe » (p. 14). Il met en outre cette note (p. 86) : « M. Westzynthius, ancien consul de Suède et de Norvège, a pris copie, pour les archives de Stockolm, des manuscrits de la reine Christine conservés à la bibliothèque de l'Ecole de Médecine à Montpellier. Il en a fait, avec intelligence, une analyse minutieuse, et il n'y a trouvé aucune trace de la lettre rapportée par Fortia d'Urban et Collin, qu'il regarde comme apocryphe. Il pense, comme nous, que si elle eût été authentique, Arckenholtz ne l'aurait pas omise dans la collection de la correspondance de la reine Christine. » Qu'il n'y en ait pas trace dans les archives de Montpellier ou d'ailleurs, cela ne nous semble pas une preuve d'inauthenticité. Il ne s'agissait pas d'une affaire d'État, et la reine a fort bien pu adresser à la Marquise l'expression de ses sentiments passionnés, sans prendre copie de la lettre, et sans la déposer dans des archives quelconques. Ce serait même étonnant qu'elle l'eût fait. Si on invoque le caractère extrêmement original et étrange de cette lettre, nous ne contesterons pas le fait; mais loin d'y voir un motif pour nier l'authenticité, nous y verrions plutôt un motif contraire. Si le style c'est l'homme, une telle façon d'écrire répond pleinement à l'idée que nous devons nous faire d'un pareil écrivain. Ne devait-elle pas s'exprimer ainsi cette femme qui étonna son siècle par ses excentricités ? Ne savons-nous pas qu'elle se fit remarquer de bonne heure par la singularité de ses goûts et de ses manières, que la vanité, la bizarrerie, le besoin de stupéfier le monde, formaient des traits de son caractère?

[14]) Charles de la Tude de Vissec, baron de Ganges, n'était pas alors marquis. Ce nom de la Tude a été mal lu et bizarrement travesti par plusieurs auteurs depuis Gayot de Pitaval. Il est devenu *Lénide* ou *Lanide* comme on voit dans Alexandre Dumas, et Sanède dans la *Biographie universelle*. Une personne, d'après la tradition, nous a appris que Madame d'Ampus ne conseillait pas à sa belle-fille de se remarier. Avait-elle des préventions contre M. de Ganges ? Voulait-elle simplement rester dans une position qui lui permettait de conserver des relations intimes avec elle ? Nous ne savons.

[15]) Cet éloge peut paraître exagéré ; mais il est formellement confirmé par un témoin oculaire. Etant à Avignon, au jardin du commandeur Maldachini, Mme du Noyer (*Let. hist. et gal.* t. I, p. 82), vit Mme d'Urban embrasser publiquement un gentilhomme qui arrivait ; c'était son père, le fameux Marquis de Ganges. Malgré l'horreur qu'elle éprouvait pour lui au souvenir de la fin lamentable de sa femme, elle assure qu'il était *beau comme un ange* et qu'il avait *la physionomie du monde la plus douce*. Contrairement à ce qu'elle aurait pensé, il n'était pas décrépit. Il ne paraissait pas avoir quarante ans, tandis qu'il en avait alors, d'après elle, plus de cinquante. Cela nous reporte à plusieurs années après la Révocation de l'Edit de Nantes.

[16]) Pièces tirées des Archives municipales de Ganges :

Estat de ce qui sest deppendu à l'entrée de Mr. le baron avec Madame la Marquise de Castelane en la présente ville de Gange.

	livres	sols
Premierement a este ballie a deux tambours de St-Yppt (Saint-Hippolyte) la somme de trente six livres, ci...........	36	»
Item a este ballie a trois tambours de Montp. (Montpellier) pour treize jours chacun a raison de deux livres par jour la somme de septante huit livres, ci................................	78	»
Item a este ballie a deux tambours de Gignac pour autres treize jours chacun à raison de deux livres par jour la somme de cinquante deux livres, ci.........	52	»
Item a este ballie a Bonnet et Ferrier autre tambour pour quatorze jours a raison de trente sols par jour chacun la somme de quarante deux livres, ci......	42	»
Item a este ballie a Jaques Pignard auboix (hautbois) de Sauve la somme de quinze livres quatorze sols, ci..........	15	14
	223l.14s.	
Item a Guiraudet autre auboix a este ballie trois livres, ci......................	3	»
Item a Mr. Pierre et a son fils violongs la somme de dix livres, ci...............	10	»
Item aux deux trompettes de Montp^{er} a este ballie la somme de nonante livres, ci..	90	»
Item a Vallette de la présente ville pour trente cinq livres poudre a douze sols la livre la somme de dix-neuf livres cinq sols, ci................................	19	5
Item a Boutarel de la Roque pour soixante livres poudre a douze sols la livre la somme de trente trois livres ci......	33	»
Item a de Montp^{er} pour trente deux livres poudre a douze sols la livre pour vingt cinq livres de meche a quatre sols la livre la somme de vingt deux livres douze sols................	22	12
	177l.17 s	

Item a paye Mr le Consul a M. Lugnon dix sols pour avoir mis la poudre en canon pour la distribuer aux soldats.... 10 s.

Nous soubsnés (soussignés) depptes de la présente ville certiffions comme M. le Consul Ducros a paye a payé (sic) toutes les sommes cy dessus expeciffiees au susdits y nommés revenans les susdits articles a la somme de quatre cent deux livres ung sol.

A témoings de quoy avons signe la presente à Ganges ce quinzième aoust mil six cent cinquante huit.

J. Cambon déppute G. Gervais depute Desprat deppputé J. Bousseyrol ?

L. Bancard.

[Rubrique]

Estat de la despance lors de la veneue de Madame la marquize de Ganges avec larreste au pied d'icelle du 15 aoust 1658.

Memoire de l'emprunt de largent qui a este emprunté pour sattisfaire aux fraix de la poudre tambours auboix violongs et autre fraix qu'il a faleu faire pour subvenir pour l'entree de Mr. le baron ce 15 aoust 1658.

---

	livres	sols
Enpremier lieu de sre Pierre Liron Des faulx bourgs la somme de........	11	»
D'Estienne Rieusset..................	15	»
D'Anthoine Boisson.................	15	»
D'Anthoine de Castelviel............	15	»
De la vefve de Jean Ducros fils a Guilhaume..........................	30	»
De la vefve de Siméon Gervais.......	22	»
De Pierre Peyraube..................	20	»
D'Anthoine Deshons................	15	»
De Treilhes Gervais..................	30	»
	173 l.	»

De la vefve de Jean Narcial..........	11	»
De Jean Nissolle......................	22	»
Du cap^ne^ (capitaine) Boudon..........	29	»
D'Estienne Randon mason (maçon)....	10	»
De Olinpe Bousseyrolles-(?)..........	15	»
De David Tartayron...................	10	»
De Ysac Tartayron....................	15	»
De Mad^elle^ de Deshons...............	30	»
De Anthoine Bousseyrolles...........	10	»
De Paul Ducros cap^ne^.................	40	»
De Jean Cambon......................	37	1
	229 l.	1 s.
	173	
	402 l.	1 s.

Une autre pièce des archives de Ganges relative à un feu de joie qui fut officiellement fait peu après pour la conclusion de la paix, nous intéresse par la manière dont M. de Ganges est désigné. Il est appelé déjà *Marquis.* On sait qu'il n'était que *baron* ; mais comme on voulait conserver à la veuve de M. de Castellane le titre de Marquise, on fut amené à donner de bonne heure, par flatterie, le titre correspondant au mari.

Voici le titre et le commencement de cette pièce :

Rolle de ce que j'ay fourny pour le feu de joye qui a este faict par ordre du roy ainsi que résulte par c^el^ gén^al^ (conseil général) du 28 septembre 1658.

Premièr^t^ ay fourny suyvant la volonté dudit c^el^ (conseil) seize livre de poudre qui a este distribuée aux habitans savoir dix livres poudre que j'ai acheptee de Boutarel de la Roque a quatorze sols la livre et six livres de poudre qui avoient este de reste lors de lentree de Monsieur le Marquis avec Madame la Marquise etc..... ....

Ajoutons un mot sur le *Conseil général* dont il est ici question. Il paraît que c'était une assemblée populaire à laquelle pouvaient prendre part tous les habitants.

17) Une tradition recueillie à Ganges prétend que ce fils, ou un de ses descendants, naquit avec des dents et de la barbe, et qu'il fut pour cela appelé *Barbe-noire.*

18) Voici les documents communiqués par M. Corbière de

Montpellier. « **Le septième de juin 1660 a esté chrysmé « Alexandre fils de M. le marquis de Ganges et de « demoiselle Diane de Joannis ; marraine Jeanne « Pomarède. Il fust baptisé le vincthuistiesme no- « vembre dernier.**

André curé, (signé).

« Je soubsigné curé de l'église collégialle et par- « rosielle de Pesenas, certifie à tous ceux qu'il ap- « partiendra avoir tiré le présent extrait des regis- « tres de ladicte parroisse. En foy de quoy à Pe- « senas ce 21 novembre 1673.

Chabert prestre et curé, (signé).

« Nous Jean Anthoine Quintin, conseiller du Roy, « son magistrat en la Cour et chateau de la ville de « Pesenas, certifions et attestons que le susdit « M. Chabert prestre quy a escript et signé le cer- « tifficat cy dessus escript, est curé en ladicte eglise « parroissielle et collégialle dudict Pesenas, en ceste « qualité expédye tous les certificats de baptesme « auxquels foy est adjoustée en et hors jugement ; en « foi et tesmoing de quoy avons faict le presant cer- « tificat pour servir où il appartiendra, de nous si- « gné et de nostre greffier en ladite cour royalle et « y avons faict poser le seau et armes d'icelle, à « Pesenas ce vingt-unième novembre 1673.

Quintin magistrat, (signé).

De mandement dudit magistrat,

Farie, (signé).

Ces pièces fort intéressantes d'ailleurs, ne sont pas sans soulever des difficultés : 1° Le certificat de baptême est d'une surprenante brièveté. Il y manque bien des indications que nous étions en droit d'attendre ; 2° Le soin extrême qu'on prend d'en attester l'authenticité et d'en affirmer l'autorité nous paraît étrange et nous donne à réfléchir ; 3° Chose fort extraordinaire assurément, l'enfant fut plusieurs années après, le 7 septembre 1664, solennellement baptisé à Avignon, où il eut le cardinal-légat Chigi pour parrain ; et d'Urban qui rapporte le fait, ne songe pas même à supposer qu'il l'eût été auparavant. En outre nous avions pensé d'abord que le titre de marquis donné à M. de Ganges nous transportait en 1665, époque à laquelle le marquisat fut érigé. Mais cette raison ne serait pas fondée, car on prit de bonne heure l'habitude de lui donner ce titre par flatterie.

Voici donc l'hypothèse que nous sommes amené à faire, et par laquelle tout s'explique naturellement. Lorsque le jeune Alexandre eut douze ans, on ne manqua pas de songer à sa première communion. Le prêtre exigea un certificat de baptême. Il aurait fallu le faire faire à Avignon où ce baptême complet avait eu lieu; mais il répugnait de s'adresser aux autorités de cette ville, à cause du vivant souvenir de la Marquise empoisonnée et du retentissant procès que sa mort avait occasionné. Du reste une enquête y avait été faite, et le résultat n'en avait pas fait honneur à la famille de Ganges. En outre, Mme de Rossan y vivait sans doute encore. On comprend donc que cette famille eût une grande répugnance à demander ce certificat, et qu'elle résolût de s'en passer. L'enfant ayant reçu le saint-chrème en Languedoc, on invita un prêtre à en donner l'attestation, en y joignant celle d'un complément de baptême, comme si réellement il eût eu lieu. Ce prêtre se prêta à ce désir et les magistrats l'aidèrent dans cet acte de complaisance. — Encore une fois ce n'est qu'une conjecture, mais elle nous paraît tout à fait plausible.

[19] Ce fils de la Marquise mourut à Ganges le 16 septembre 1713, et fut enseveli le 17. — Sa femme, Marguerite de Ginestoux, mourut au château de Saint-Privat en décembre 1721. Etant à Ganges, en l'absence de son mari, elle avait été en butte aux poursuites criminelles de son beau-père.

[20] Tout ceci était écrit quand, ayant fait connaissance avec un intelligent graphologue, nous avons eu la pensée de lui soumettre un autographe de cette baronne de Ganges, belle-mère de la Marquise. C'est une simple quittance en faveur d'un habitant d'un des hameaux de l'ancienne baronnie de Soubeyras, aujourd'hui commune de Gorniès. Le texte n'offre pas en lui-même grand intérêt. Or voici la réponse de M. Fontès, ingénieur (élève de l'école polytechnique) : « Vous vous étonnez sans doute de me voir garder aussi longtemps votre précieux autographe. — J'avais mon but. — Il y avait pour moi un problème dont j'hésitais à donner seul la solution. — Le reçu est-il ou n'est-il pas de la main de la signataire? —

J'ai tenu à consulter un ancien élève de l'Ecole des Chartes, fort savant, en ce moment de passage à Toulouse. — Pour lui la chose ne fait pas de difficulté ; le reçu et la signature sont de la même main. — Cela simplifie mon travail, car avec cette simple signature, dépourvue des lettres les plus importantes, je n'aurais pu dire grand'chose. — Voici donc mon jugement. — Ce qui frappe surtout au premier abord dans cette écriture, c'est l'énergie brutale et sensuelle. Chez cette nature les appétits physiques devaient dominer la volonté. — Pas d'imagination, rien d'idéal ; cette femme distinguée est tout ce qu'il y a de plus vulgaire et de plus terre à terre. — On trouve ensuite, la méfiance et l'avarice très prononcées. Il n'y a pas, dans tout le reçu, de place pour intercaler un demi-mot. — L'intelligence paraît singulièrent composée. — C'est une personne qui devait avoir rapidement ses idées toutes faites et prendre difficilement les idées des autres. Avec cela pas de dissimulation et beaucoup de naïveté ; et cependant la gaillarde est taillée pour la diplomatie, et doit conduire à bien une négociation. — Enfin, après avoir analysé cette écriture si vulgaire, on voit reparaître à la fin la grande dame dans sa signature. — Résumé : sensualisme voisin de la bestialité, avarice et méfiance, rouerie d'autant plus dangereuse qu'elle n'est pas accompagée de dissimulation.

Mauvaise nature. Vous me dites, Monsieur, que cette femme passait pour pieuse. — Elle devait être sincère ; mais sa piété devait être tout extérieure. Je me figure cette femme une de ces dévotes qui se jettent dans les bras du prêtre qui vient de leur donner l'hostie. »

Il importe bien de remarquer que nous n'avions pas communiqué à notre correspondant d'une manière précise les faits que nous connaissions. Nous lui avions simplement dit : Certains auteurs ont voulu représenter cette dame comme une des plus prudentes et des plus vertueuses du royaume ; mais nos recherches nous ont amené à croire qu'elle n'avait ni prudence ni vertu.

On le sent, ce témoignage absolument désintéressé de la *graphologie*, est très précieux pour l'étude de notre sujet, et il nous apporte des lumières inattendues. Outre qu'il confirme avec une singulière énergie les résultats auxquels nous étions parvenu, il nous ouvre un nouvel horizon. Cette femme était d'une sordide avarice: est-il étonnant que ses enfants aient eu la même passion, et qu'ils aient tout fait pour l'assouvir? N'est-il pas naturel qu'ils aient voulu s'emparer du riche héritage de la jeune femme ?

Cette pièce, datée du 27 août 1678, montre que cette douairière a bien survécu à son infortunée belle-fille.

21 Charles de la Tude de Vissec était seigneur de Ganges « depuis son mariage», dit F. d'Urban qui lui donne à tort le titre de *marquis*. Il n'était que baron. Cette petite ville de Ganges, d'après le même auteur « était célèbre dès lors, et l'est encore aujourd'hui par la beauté des bas de soie que l'on y fabrique.» Cette industrie avait été languissante et comme en décadence depuis un demi-siècle environ. Mais depuis plusieurs années elle a repris un nouvel élan et est encore assez prospère. — Ganges, aujourd'hui chef-lieu de canton du département de l'Hérault, sur les frontières du Gard, était en Languedoc, à sept lieues (48 à 49 kilomètres) de Montpellier, à dix-neuf lieues d'Avignon. Il avait un mur d'enceinte et des portes. La plus grande partie des habitants, ainsi que la famille seigneuriale au début, avaient embrassé la réforme. Mais celle-ci était revenue au catholicisme.

22 L'Officier anonyme s'élève avec indignation contre « des esprits farouches et des dévots de caverne et de *cimetière.* » Nous ne savons s'il convient de ne pas s'appesantir sur ces expressions, ou s'il faut leur attribuer une portée particulière, une valeur précise.

23 L'auteur des *Causes célèbres* dit de l'Abbé : « Il n'était point lié aux ordres. Il avait choisi cet état neutre comme le plus favorable au libertinage. » Nous ne comprenons pas bien comment il n'aurait point été lié aux ordres. N'avait-il pas dû prononcer les vœux de pauvreté, de chasteté et d'obéissance ?

24 L'Abbé s'autorisait en effet de l'exemple de Louis XIV, et comme lui, il entendait que tout pliât devant ses désirs. C'est ce que nous a affirmé quelqu'un qui l'avait lu dans un vieux livre.

25 Alexandre Dumas commence son récit en racontant d'une manière dramatique, une prétendue visite à une fameuse empoisonneuse. « Il serait puéril, dit M. Aragon, de s'arrêter au merveilleux fantaisiste dont A. Dumas a orné son

récit, en montrant la Marquise de Castellane furtivement introduite chez la Voisin. » Malgré cela il s'y arrête un peu et déclare en note qu' « il n'est pas impossible que la Marquise de Castellane ait consulté la Voisin. Les dames du plus grand monde s'y rendaient en foule... » Il en cite en effet plusieurs, « toutes soupçonnées de recourir à la Voisin pour faits peu avouables, sinon criminels ». Plus loin il semble vouloir donner à cette idée assez de consistance (p. 33) : « Quelques-uns parlèrent alors de la sinistre prophétie échappée, disait-on, de la bouche de la Voisin. » Pour nous, il nous est impossible d'accepter ce méchant conte que nous regardons comme injurieux pour la mémoire de la Marquise, et qui n'a pour garant que la plume d'un romancier habitué à donner carrière à son imagination, sans souci de l'histoire. A moins qu'on ne prouve le contraire, nous croirons que jusqu'à Dumas, personne ne l'avait même soupçonné. Nos auteurs parlent tous d'un *fort habile homme* consulté comme devin, et nous ne voyons aucune raison de substituer à ce tireur d'horoscope, à cet habile *homme*, une empoisonneuse, une femme des plus scélérates.

26 Nous sommes ici en désaccord absolu avec M. Aragon qui dit (p. 33) : « Le fait (de l'empoisonnement) pouvait être accidentel, et il l'était sans doute, en le supposant vrai, car à cette époque la tentative, si elle eût existé, ne pouvait profiter à aucun de ceux qu'on aurait pu suspecter d'être complices : en effet la Marquise n'avait pas encore recueilli l'héritage de son aïeul et n'avait pas non plus fait de testament. » Tout cela est réfuté par le passage suivant du *Mémoire* de Mme de Rossan : « La cupidité du mari trouvait son compte dans la mort de sa femme, et tout annonçait qu'il était l'auteur de cet attentat. — Tout le ressort du parlement de Toulouse et le comtat d'Avignon, sont soumis au droit romain ; suivant ce droit, la puissance paternelle donne au père la jouissance des fruits de tous les biens de ses enfants de quelque source qu'ils proviennent, excepté ce qu'ils peuvent acquérir dans le service militaire, ou dans les emplois honorables de l'Église et de la robe. Et il conserve cet usufruit tant qu'il n'émancipe pas ses enfants. La mort de la Marquise assurait donc à son mari la jouissance de la succession opulente qu'elle aurait laissée à son fils et à sa fille ; et la faisant mourir avant que par un

testament elle eût, comme elle a fait depuis, institué un héritier autre que ses enfants, rien ne pouvait lui ravir cet usufruit. Il avait donc intérêt de prévenir, par une mort prématurée, un acte qui l'aurait dépouillé du bénéfice de la puissance paternelle ; et les mauvaises façons qu'il avait eues pour sa femme, lui donnaient lieu d'appréhender qu'elle exerçât cette punition, si on lui en laissait le temps. — Or, tout annonce que ces combinaisons avaient déterminé le Marquis à prévenir par ce premier empoisonnement, les dispositions qu'il méritait qu'elle fît à son préjudice. » — M. F. d'Urban est donc, croyons-nous, dans une grande erreur quand il dit (p. 50, note) : « Il paraît que dans la jurisprudence observée alors à Avignon, la tutelle des enfants du Marquis de Ganges pour les biens maternels appartenait à leur aïeule maternelle jusqu'à l'âge de vingt ans, qui est celui où Madame de Ganges fixe la jeunesse de son fils. L'administration que la Marquise donne à sa mère, lui appartenait donc de droit, tant que son fils était son héritier. » Dans ce cas le testament aurait été bien inutile, et l'on ne comprend pas qu'elle fît tant de mystères et s'exposât à irriter son mari, s'il lui suffisait de rester tranquille et de ne rien dire pour atteindre son but. Il faudrait supposer qu'elle prévoyait la mort de ce fils.

F. d'Urban insère pourtant (à la fin de son livre) le Mémoire de Mme de Rossan tout au long, avec d'insignifiantes variantes. Au passage cité plus haut, il cite ainsi : « Tout le ressort du parlement de Toulouse, la ville d'Avignon et le comtat Venaissin sont soumis au droit romain. » A quoi il ajoute (en note, p. 134) : « Gayot de Pitaval dit seulement le *comtat d'Avignon* : mais Avignon et le comté Venaissin, quoique tous deux alors dépendans du Pape, avaient des lois différentes et une organisation qui n'était pas la même étant passés sous l'autorité des Papes en différens tems et par un titre différent. »

Nous ne sommes pas sûr que M. de Nochères vécût encore. Mais s'il était encore en vie, évidemment il était à la fin de sa course, et il est fort probable qu'en tout cas son testament était fait.

[27] La Marquise sur son lit de mort déclara qu'avant de l'empoisonner et de l'assassiner, ses beaux frères *avaient voulu par deux fois l'empoisonner* (F. d'Urban, p. 263). Quand et

comment eut lieu cette double tentative? Nous ne savons. Mais probablement elle est distincte de celle faite le jour même du crime, car la Marquise, qui pouvait avoir quelque soupçon, n'était point sûre du fait, et elle n'aurait pas tenu un langage aussi net et ferme à ce sujet. Nous verrons en effet par sa manière de faire qu'elle ne s'arrêta pas à ces soupçons et se montra alors confiante.

[28] Ce fait est attesté par l'avocat Pompon de Vecchis (Archives de Ganges).

[29] Voir F. d'Urban, p. 48 et s. On lit dans les *Causes célèbres* que Mme de Rossan fut instituée héritière universelle et fiduciaire, c'est-à-dire avec le pouvoir de disposer de ses biens, à son choix, en faveur de celui qu'elle voudrait de ses enfants. C'est une erreur. — La Marquise dans ce testament du 19 mai 1664, indiquait comme lieu de sa sépulture la chapelle de Notre-Dame des Sept-Douleurs, se trouvant dans l'Église des Augustins, et appartenant à sa famille.

[30] Ces curieux détails sont donnés par F. d'Urban (p. 47 et 191). — Une réflexion vient à l'esprit. La mère du baron de Ganges était toute désignée pour marraine, semble-t-il. D'où vient qu'il n'est pas question d'elle? On ne voit guère le moyen de répondre à cette question qu'en acceptant les données de la tradition, d'après lesquelles Mme de Ganges, la mère, avait beaucoup de fiel contre sa belle-fille. Il devait assurément s'être passé des choses graves entre elles pour qu'il n'y eût pas rapprochement dans une pareille circonstance, et que celle-ci ne fît pas à la première sa place naturelle.

[31] C'est seulement le 15 de ce mois de septembre 1664, qu'Alexandre Colonna ou Colomna avait succédé à monseigneur Lascaris, vice-légat d'Avignon (F. d'Urban).

[32] Il y a quelques différences entre les indications données par Pompon de Vecchis et Rottini. D'après le premier elle fit sa protestation le 21 décembre, et le jour suivant, le 22, elle annula la pension du mari; d'après le second elle fit ce codicile contre son mari le 19 septembre et la protestation le 20. Cette dernière date est exacte.

[33] Voir la déposition de la demoiselle Choiselle dans F. d'Urban, p. 275.

[34] Comme nous l'indiquons dans l'appendice, nous marquons de ce double signe ce qu'un vieillard nous a assuré

avoir lu dans un ouvrage qui existe encore, croyons-nous, mais que nous n'avons pu nous procurer.

[35] Nous avons vu précédemment le désaccord absolu qui existe entre la tradition et les auteurs au sujet de la mère du Marquis. Ils ont beau l'appeler *une des plus prudentes et des plus vertueuses femmes du royaume* ; les évènements n'ont pas le moins du monde fait paraître ces extraordinaires qualités. Sa conduite immorale avec le prêtre Perrette, avec M. de Perrault, (au dire de Mme du Noyer,) vieux marquis auquel elle maria sa petite-fille n'ayant pas treize ans accomplis, tout cela ne fait pas briller sa vertu. Du reste nous lisons dans les *Causes célèbres* que « *tous jouaient un rôle feint.* » Nous ne pouvons donc dire avec M. Aragon (p. 34) : « ces apparences de cordialité, très-sincères de la part de sa belle-mère, qui avait pour elle une vive affection, la touchèrent profondément. »

[36] La famille de Roquefeuille résidait, paraît-il, à Saint-Martin-de-Londres. Elle n'avait pas, dit-on, de sages principes d'économie domestique. Elle vendait son bien et le dépensait. Nous avons entendu parler d'une demoiselle de Roquefeuille qui dans ce siècle avait été réduite, malgré sa noblesse, à se mettre en service pour vivre. Nous supposons qu'elle appartenait à cette famille.

[37] Un récit parle même de chasse à courre, ce qui a paru assez difficile dans ce pays accidenté. Pourtant il y a des parties où pareille chasse est possible, ainsi du côté de Ginestoux. Du reste, ce qui est aujourd'hui le Cours, le Chemin neuf et sans doute un côté du Jeu de ballon, ainsi qu'une partie du quartier de la Croix de Figou probablement, n'étaient pas bâtis. C'étaient des champs et des vignes. Toutefois on ne pouvait, pensons-nous, s'y livrer à de tels exercices, car le terrain était coupé de murs élevés.

[38] **Erection de la baronnie de Ganges en marquisat pour Mre. Charles de la Tude.**

Louis par la grâce de Dieu roy de France et de Navarre à tous présens et à devenir salut. Les roys nos prédécesseurs ayant voulu donner des marques de leur reconnaissance à ceux de leurs sujets qui par le mérite de leur valleur s'étoient rendus recommandables, ne se sont pas contentés de le faire par bienfaits et libéralités, mais aussy ont honoré les terres

qu'ils possédoient de titres et qualités correspondantes à leur courage, pour d'autant plus les obliger à bien faire et donner espérance à un chacun de pareille recompense. En quoy désirant les inciter sçavoir faisons que mettant en considération les bons et signalés services qui ont esté rendus à cet estat par ceux de la maison de Ganges, de père en fils, en plusieurs occasions importantes et qui ont esté continués au feu roy nostre très honoré seigneur et père et à nous depuis nostre advénement à cette couronne tant par le feu sieur baron de Ganges que par nostre cher et bien aimé Charles de la Tude baron de Ganges son fils lequel partout où il s'est trouvé dans nos armées d'Italie, de Cathalogne et ailleurs, mesme dans les Estats généraux de notre province de Languedoc, nous a donné tant de preuves de sa fidélité et de son affection au bien de nostre service que pour l'en recognoitre nous lui avons volontiers accordé l'érection de sa dicte terre et baronnie de Ganges en marquisat, sachant qu'elle est d'un revenu plus que suffisant pour soutenir et entretenir cette dignité, etc. etc.

Archives de Montpellier, liasse B, registre des lettres patentes, p. III, verso.

[39] C'est ce que confirme, croyons-nous, un passage de la relation de 1667 : « Il y avait près de 14 mois qu'ils étaient dans les douceurs de cette vie, lorsque M. le Marquis de Ganges, après son retour des États, se vit obligé de faire un voyage à Avignon. » Cette donnée qu'il y eut 14 mois de repos, est incompatible avec le seul voyage de 1666, puisque cette dame fut tuée un an après son départ pour Ganges qui eut lieu le 1er mai 1666, tandis qu'elle dut prendre le poison le 17 mai 1667, et que du reste elle avait, pendant cette année et bien avant, enduré le plus cruel martyre. Mais cela s'accorde très bien avec les faits et les éclaire si on admet notre manière de voir. Si elle partit d'Avignon en automne 1664, son mari au bout de 14 mois, c'est-à dire à la fin de 1665, ou au commencement de 1666, revenait des États, et retrouvait sa femme, non à Ganges, mais à Avignon, où selon toute probabilité elle s'était rendue. Or cette probabilité devient une certitude par le

témoignage de la demoiselle Choiselle qui raconte qu'à Avignon, de retour des états, le Marquis faisait des reproches à sa femme sur des lettres qu'il avait reçues quand il y était. Ainsi tout s'explique et s'accorde au fond, sans que nous ayons à attribuer de trop grossières erreurs aux anciens récits, comme le fait F. d'Urban en ce cas.

40 M. Aragon n'a pu passer sous silence des faits de cette gravité ; mais il cherche à les révoquer en doute, à jeter du discrédit sur le témoignage de la demoiselle Choiselle qui les affirma lors de l'information faite à Avignon, par les magistrats de cette ville. Pourtant il n'y a pas la moindre raison sérieuse de douter de la vérité de cette très importante et décisive déposition, faite officiellement et de la manière la plus solennelle.

41 On connaît les solennels et fastueux éloges adressés à Louis XIV par les Bossuet, les Massillon, les Fléchier, les Tallemand, au sujet de cette œuvre désastreuse et souverainement criminelle, la révocation de l'Edit de Nantes (1685). Quelle fut la conduite des jansénistes? « Eux-mêmes se départirent de la rigidité de leurs principes pour approuver la conduite de Louis XIV. Après avoir longtemps soutenu, dans leurs écrits, que Dieu n'agrée point d'autres hommages que notre amour, qu'une entreprise fondée sur la profanation devait échouer par la malédiction céleste, et que leurs cheveux se hérissaient à la seule pensée des communions involontaires des calvinistes, ils changèrent tout à coup de langage et déclarèrent par l'organe du grand Arnauld, leur interprète le plus illustre, que *l'on avait employé des voies un peu violentes, mais nullement injustes.* » (Weiss, *Hist. des Réfugiés protestants de France*, t, I, p. 121.)

Confirmons cela par un fait assez curieux et que nous ne croyons pas connu. Nous avons un recueil (dit factice) de sermons réformés du XVIIe siècle dont plusieurs probablement ne se retrouvent que là. Une main assurément protestante les a réunis et y a joint un opuscule de trente pages : *Troisième gémissement d'une Ame vivement touchée de la destruction du S. monastère de Port-Royal des Champs*, M.DCC.XIII. C'est bien là une preuve indirecte mais significative de la bienveillance que les protestants nourrissaient pour les jansénistes, victimes des mêmes pouvoirs politiques et ecclésiastiques. Ils établissaient avec eux une sorte de solidarité. Or comment ces derniers répondaient-ils à ces sentiments affectueux? L'opuscule, par son contenu, répond à cette question. L'auteur rappelle les malheurs de Port-Royal, la rage de ses persécuteurs qui n'ont pu laisser en repos, même les restes des religieux et des religieuses. Sous prétexte de les transporter ailleurs, on les a déterrés de la manière la plus indécente, et des chiens ont pu s'en repaître. Mais Louis XIV qui a ordonné ou toléré ces horreurs, a été simplement trompé, égaré. Il n'en reste pas moins investi du caractère le plus auguste, même au point de vue religieux. Dans sa prière éplorée, ce janséniste désigne ce prince persécuteur par les termes les plus pompeux du langage prophétique et mystique : « *Ce Père, ce Prince de votre peuple,... David votre serviteur,... votre Oint* : » La France gouvernée par lui est couramment appelée *Israël, Juda*. Quant aux protestants, il n'y a pas pour eux, en quelque sorte, de termes assez méprisants... « *Vous le savez, mon Dieu. Il devait être détruit* (le nid de l'hérésie). *Quel zèle ! Tant de profanes lieux où régnait une erreur ennemie de votre sacrifice et de votre culte, tous ces nids d'hérésie ont été enlevés ; mais a-t-on pensé à remuer dans leurs sepulchres des cendres qui souillent la terre, à arracher de son sein, les corps de ces pauvres égarés, dont le tombeau est creuse dans l'abyme ?* »

42 F. d'Urban raconte franchement le fait et ne tâche de rien dissimuler. Seulement il ajoute (p. 63) : « J'ai horreur de le dire, mais c'est ce que porte la déclaration de cette Parisienne. »

43 Cette affirmation se trouve dans les *Causes célèbres*. Pour les réflexions qui suivent nous avons fait des emprunts au *Mémoire* de Mme de Rossan.

44 Gaspard, marquis de Pérussis, premier consul de la ville d'Avignon en 1663, et député au roi Louis XIV, par cette même ville, la même année... (Fortia d'Urban.) Cet auteur dit (p. 64) : « Elle prit le parti d'écrire à M. de Pérussis et à son père. » Il n'est certes pas impossible qu'elle écrivît au premier, quoique nous n'en n'ayons pas trouvé la preuve. Mais elle ne pouvait écrire à son père mort depuis longtemps. Nous ne comprenons pas que F. d'Urban ait commis une telle faute. Elle ne pouvait songer qu'à l'un de ses cousins Pierre de Joan-

nis, ou plutôt à leur père, son oncle. — Faut-il comprendre qu'elle écrivit au père de M. de Pérussis ?

[45] Ce M. Soulas ou Soula qui avait trempé dans ces criminelles intrigues, fut condamné par le parlement de Toulouse. Il fut cité à comparaître, et, en attendant, il fut interdit.

[46] Ce fait de la plus haute importance est attesté dans les *Causes célèbres*. Dans l'édition que nous avons eue, nous lisons qu'après l'assassinat, le Marquis, reçu avec une cordialité ostensible, « osa se prévaloir de cet excès de tendresse de la Marquise pour lui demander qu'elle révoquât la déclaration qui confirmait son Testament d'Avignon, parce que le vice-légat avait refusé d'enregistrer à la requête du Marquis le testament qu'elle avait fait à Ganges : » Il s'agit de celui de Sauve, car l'auteur, qui n'a pas connu l'olographe du 20 avril 1667, croit qu'il n'y eut qu'un testament extorqué en Languedoc, et qu'il fut fait à Ganges. (Cette ville est distante de Sauve d'une vingtaine de kilomètres.)

[47] « Mais un long hiver, dit F. d'Urban (p. 72), passé sans aucune réconciliation effective de madame de Ganges avec son mari, dont l'absence continuait toujours, lui fit regarder son dernier testament comme inutile, et elle se décida à le refaire d'une manière plus conforme à ses véritables intentions. » Notre auteur, qui est en général un guide sûr et impartial, n'a pas vu clair ici. Il a cru que ce testament était un acte spontané, accompli d'abord à l'insu des Messieurs de Ganges et pour échapper à leur tyrannie. Ceux-ci s'en étant aperçus, auraient été comme effrayés par cet effort d'indépendance, et ils auraient, pour le rendre infructueux, précipité le dénouement. — Nous prouvons que c'est le contraire. La Marquise fut contrainte et forcée d'écrire ce semblant de testament secret et fait librement. Elle dut tomber dans ce nouveau piège très habile que ses spoliateurs lui avaient dressé, quelque répugnance qu'elle pût avoir.

[48] Voir procès-verbal des interrogatoires de M. de Catelan, dans F. d'Urban, p. 265 et 262.

[49] On voit combien s'égare M. Aragon lorsqu'il dit (p. 46) : « On est disposé à y trouver (dans ce testament de Ganges) l'expression libre de sa dernière volonté, bien que le parlement de Toulouse ait donné la préférence au testament d'Avignon, Il est certain, en tout cas, qu'il a été fait en dehors

de l'influence des deux frères et du Marquis lui-même, puisque aucune de ses dispositions ne le favorisait. Il n'a été, sans doute, connu d'aucun d'eux, et il eût été peut-être respecté si la dame de Rossans n'avait réclamé l'exécution de celui d'Avignon.» Et encore (p. 52) : « Il (le Marquis) avait désiré et obtenu le testament de Sauve, et rien ne prouve qu'il eût connaissance de celui de Ganges. D'ailleurs, l'eût-il connu il avait tout à perdre à la mort de la Marquise, tandis que si elle vivait il pouvait espérer la faire revenir sur des dispositions dans lesquelles ils n'était point compris. On se trouve donc obligé, par la force des choses, de rejeter exclusivement sur l'Abbé et le Chevalier la responsabilité du crime abominable auquel tout prouve que le Marquis n'a pris aucune part. » Tous ces pénibles raisonnements s'écroulent sans retour quand on se rappelle que M. de Ganges devenait forcément le tuteur de ses enfants en bas âge, et pendant de longues années allait gérer leur fortune. *Is fecit cui prodest* est un principe excellent en beaucoup de cas assurément, un guide souvent sûr, à condition qu'on ne se trompe pas dans l'application, et qu'on ne se méprenne pas si grossièrement quand il s'agit de déterminer celui ou ceux à qui un crime doit profiter. Or ici ce n'est certes pas Mme de Rossans qui devait en retirer profit, mais incontestablement le Marquis. C'est justement sur ce dicton que s'appuie cette dame pour démontrer sa culpabilité. C'est la base de son argumentation dans son *Mémoire*, et pour tout esprit non prévenu il reste définitivement établi que c'est lui, et subsidiairement ses frères, qui avaient intérêt à se débarrasser de la testatrice pour donner vigueur et efficacité au testament de Sauve, si possible, et en tout cas à celui de Ganges, qui leur était moins avantageux, mais toujours très avantageux.

[50] « On a fait sauver, dit Conrart racontant la suite de l'affaire et le jugement, le valet de chambre qui les pouvait tous perdre et qui était venu quérir le poison en cette ville (Avignon), lequel avait toujours persécuté la défunte. »

[51] Pour le procès, nous l'avons vu, on eut la finesse de prendre un avocat protestant. Jacques de Rapin, seigneur de Toyras, avocat en la chambre de l'Edit de Castres, père de l'historien, beau-frère de Pélisson. Son fils, Charles de Rapin, sieur de Puginier, docteur ès-droits (1679,) enfermé à la Bastille en

1686, mort à Utrecht en 1729, a écrit ces *Mémoires* dont nous citerons ce passage : « **M. de Ganges, mary de cette dame « (empoisonnée), n'estoit pas sur les lieux lorsque « cette affaire arriva : il avoit mesme passé un acte « devant notaire le mesme jour à Avignon. Cependant « comme il y avoit des soupçons plus ou moins vio- « lens, que cela ne s'estoit pas passé sans sa partici- « pation, et que cet acte mesme dont je viens de parler « qui d'un costé prouvoit démonstrativement son « alibi, fortifioit de l'autre les soupçons, il fut amené « prisonnier (peut-être se remit-il lui-mesme prison- « nier), et mon père se trouvant alors à Montpellier, « il fut employé pour défendre l'accusé.** »

[52] F. d'Urban veut parler ici du testament de Sauve fait sept ou huit mois auparavant. Encore une fois, tout en proclamant sa loyauté qui ne lui a pas permis d'altérer ou de dissimuler les faits, nous devons reconnaître qu'il n'a pas su voir le vrai caractère et la portée du testament de Ganges. Il a cru que la Marquise avait fait par là acte d'indépendance, tandis qu'elle avait subi une nouvelle oppression.

[53] D'après le récit de la *Mosaïque du Midi*, ce fut la dame Brunelle qui fut chargée de lui porter ce breuvage. Si le fait est vrai, on aurait habilement cherché la personne qui était peut-être le plus propre à lui inspirer de la confiance, et on aurait tenté de la rendre complice inconsciente.

Nous ne sommes pas du tout sûr d'avoir le nom du mari de cette dame, La belle et riche langue d'oc (si détériorée que c'est pitié !) désigne par la désinence les principaux membres de la famille. Ainsi le père s'appelant *Brunel*, sa femme s'appellera *Brunello*, ou *Brunellesso* ; le fils *Brunellet* ; la fille aînée *Bruneletto*, ou même *Brunello*. Cette dame pouvait donc être appelée ainsi du nom de son père. Des souvenirs très confus, que nous n'avons pas contrôlés du tout, et puisés dans la tradition, nous porteraient à conjecturer que le nom du pasteur était Gal (Gal-Ladevèze ?).

[54] « Elle était seule et en déshabillé, et l'on remarqua que dans ce temps-là on avait envoyé ses femmes et tous ses gens au village sous prétexte d'affaires » (Conrart).

[55] D'après d'autres ce fut avec un poinçon d'argent que le Chevalier ramassa le dépôt du poison.

[56] D'après les *Histoires tragiques*, il aurait dit : « Il faut tomber le goupillon », version qui nous semble assez probable.

[57] C'est Conrart qui raconte que la clé fut remise à Perrette.

[58] Mme Leprince de Beaumont se trompe en disant qu'elle reçut ces dames étant habillée. Elle dit encore qu'elle « ne garda qu'une jupe et un corselet, car il fesait chaud ». Ce dernier détail pourrait être vrai. Toutefois nous lisons dans le *Mémoire* de Mme de Rossan : « Elle était en chemise, nu-pieds, échevelée et couverte d'un simple cotillon » lors de sa fuite.

[59] D'après Conrart, la Marquise aurait absorbé de l'orviétan et serait restée jusqu'après l'arrivée du prêtre qui se serait mis en état de la confesser. Assurément il est dans l'erreur. Il confond avec la scène qui eut lieu lorsqu'elle se réfugia dans la maison des Prats, suivie du Chevalier.

[60] Sous la fenêtre il y a actuellement, tout le long de cette façade (latérale) un passage assez étroit qui a plusieurs mètres de largeur. En avant, au-delà de ce passage, se trouve un jardin dont le sol est plus élevé d'un mètre ou davantage ; il est bordé d'un mur assez haut et épais dont la partie supérieure est formée de pierres entassées. Il est interrompu, vis-à-vis du portail, par un escalier. Nous avions pensé d'abord que la Marquise avait sauté sur un des bouts de ce mur. Mais nous en sommes venu à douter que ce mur existât et qu'il y eût alors ce terrassement. Ce dernier a pu être fait depuis le milieu de ce siècle, lorsque le château fut converti en couvent de Dominicaines.

On est un peu surpris tout d'abord d'apprendre qu'il y eût sous la fenêtre devant le portail un tas de pierres et (d'après Conrart) que la cruche ne se cassât pas. Mais ce fait se comprend plus facilement quand on a constaté que ce n'était pas là le vrai et beau portail. Ce n'est qu'un côté du château, et non la grande façade. C'est une porte secondaire, menant à des salles basses ou à des caves, nous a-t-on dit. Il pouvait donc se faire qu'il y eût là des pierres, peut-être en vue de quelque réparation, et qu'à côté la terre fût assez molle pour que la cruche fût conservée.

[61] C'est une croisée au sens primitif du mot; c'est-à-dire que l'ouverture totale est partagée en quatre par une croix de

pierre : deux fenêtres en bas, et deux plus petites en haut. Elle est au-dessus d'une porte d'entrée. Elle a été murée évidemment à cause de ce triste souvenir. Pourtant la bâtisse nouvelle n'affleurant pas, la croix de pierre se dessine très nettement.

Quant à la cruche, il se peut que nous en ayons vu une semblable dans notre maison natale à Ganges, Elle était très vieille et très grande avec une base et surtout un goulot assez étroits ; mais le ventre était bien renflé. Le haut portait d'un côté une anse, de l'autre le tuyau pour l'écoulement du liquide. Le vernis qui recouvrait cette partie supérieure était vert.

[62] Mme Leprince de Beaumont confirme le fait trop étrange pour avoir été inventé. L'embarras des anciens auteurs à le raconter est une preuve en faveur de sa vérité : « Le poison, dit-elle, était si subtil qu'un porc qui mangea ce qu'elle avait rejeté en mourut. » De même F. d'Urban. Avec lui faisons cette curieuse remarque. Gayot de Pitaval pour éviter ce terme qui choque son goût trop raffiné, et ennoblir son récit, met à la place de porc, *un sanglier privé*. Notre édition des *Causes célèbres* dit : *un sanglier familier*.

[63] Il existe encore deux écuries dépendantes du château et s'ouvrant sur la rue du *Noguier*. Nous avions cru d'abord que la Marquise avait passé par là. Mais on nous a affirmé qu'elle n'était point sortie par ces anciennes remises, et que les écuries donnaient sur la petite place appelée *lou Plô* d'où l'on aboutit à la grand'rue et la coupe à angle droit par le passage voûté (dit *Croto de Marquès*). Nous croyons d'ailleurs que la grande entrée du château était aussi autrefois sur cette place. Le grand portail actuel a été fait, nous a-t-on dit, au commencement de ce siècle, à la place où était le caveau funéraire.

[64] Ce temple a été démoli en 1865, lors de la Révocation. C'est aujourd'hui une place avec une fontaine au milieu. Mais le nom de temple lui est resté. On nous a montré tout à côté un escalier droit et étroit par où l'on allait sonner la cloche. La Marquise avait cet édifice à sa gauche. Nous ne savons si le portail se trouvait sur ce côté.

[65] Nos anciens récits font la maison des Prats distante du château de trois cents pas. Or elle existe encore et la tradition la désigne sans hésiter,de la manière la plus précise. Mais

cette distance, que nous avons mesurée avec soin, n'est pas même de la moitié, c'est-à-dire qu'elle est d'environ cent pas. Cette difficulté se lève au moyen du fait que nous avons rapporté, et qui, généralement ignoré, allait peut-être s'effacer entièrement du souvenir des hommes, si une heureuse circonstance ne nous avait permis de le recueillir. La fugitive en s'engageant dans la ruelle, a bien pu faire cent pas de plus et autant pour le retour. Cette ruelle est fermée maintenant par un mur, près de la sortie du côté extérieur.

Quant à la maison des Prats, elle existe encore; seulement elle a été reculée de cinq mètres pour l'élargissement de la rue. Le vaste escalier a été réduit ; mais heureusement *la chambre de la Marquise,* comme elle est appelée, se trouvant sur le derrière, a été conservée. On y arrive en traversant deux pièces assez spacieuses. C'est une petite chambrette, un peu irrégulière, fort étroite, située au-dessus de la ruelle où l'infortunée s'était enfuie. Elle a environ de deux à trois mètres de large, et quatre ou cinq de long. A gauche, en entrant, la place d'un petit lit ; à droite, d'une commode. Au fond de droite, une fenêtre avec des barreaux de fer, donnant dans la ruelle ; au fond de gauche, la fenêtre ou porte à vitres donnant sur les champs, au-delà du mur d'enceinte. Elle ouvre sur une galerie qui a été agrandie depuis, et se termine à l'ancien rempart. Les champs, peu étendus, arrivent bientôt au lit ordinairement desséché d'un torrent qui vient de Sumène, appelé autrefois *Riou d'or* (Rieutor), c'est-à-dire Ruisseau d'or, à cause des parcelles d'or qui s'y trouvent mêlées au gravier ; au delà de ce torrent à sec, la vue est brusquement arrêtée par une haute berge qui s'appelle Tirondel.

66 Les anciens récits parlent de *demoiselles.* Mais, remarquons-le une fois pour toutes, le terme de *dame* était alors réservé à la noblesse, et le mot de demoiselle désignait souvent des personnes mariées, non nobles.

Nous pouvons noter une bien surprenante erreur de Mme de Beaumont. Elle dit de la Marquise : « Elle courut toute échevelée et à moitié nue à travers le village, et arriva chez le curé où elle trouva toutes les dames auxquelles elle avait donné la collation. Elles firent un cri en la voyant dans cette situation. » Le curé de Ganges, portant alors le titre de *vicaire*, était le fameux Perrette qui lui avait jeté la cruche dessus.... Du reste, nous présumons qu'il logeait dans le château. — Comme le fait remarquer M. Aragon, il signait *Deperet, vicaire perpétuel*. Mais nous lui laissons le nom que tout le monde lui donnait et qu'il a si tristement illustré.

[67] Nous avons suivi Conrart qui rapporte d'intéressants détails. Il nous permet de combler heureusement une lacune de tous les autres récits connus. D'après ceux-ci, les évènements semblent s'être tellement précipités qu'une demi-heure suffit, tandis qu'il s'écoula quatre ou cinq heures depuis l'empoisonnement jusqu'à la fuite des meurtriers, vers neuf ou dix heures du soir. Seulement il y a quelques difficultés de détail que nous avons tâché d'aplanir en tenant consciencieusement compte de toutes les données. Ainsi cet auteur dit que le Chevalier, après deux ou trois heures, vint *seul* en cette maison pour voir si la pauvre femme était morte. Or tout prouve que si l'Abbé n'entra pas, il vint jusqu'à la porte et se tint sur le seuil.

[68] On pense généralement que les dames se retirèrent les laissant seuls. Nous inclinons à croire qu'au contraire, ce furent eux qui se retirèrent dans la chambre d'à côté. En effet, Mme Leprince de Beaumont dit : « Elle demanda à lui parler en particulier. Etant entrée avec lui dans une chambre voisine de celle où était la compagnie, elle se jeta à ses pieds... » Nous pensons qu'elle est dans le vrai sur ce point.

[69] Les paroles rapportées par le récit primitif (de l'Officier), et celles des *Causes célèbres*, tout en exprimant les mêmes sentiments au fond, sont assez dissemblables. Le texte du premier nous paraît préférable. D'Urban l'a adopté. Nous l'avons reproduit en y ajoutant simplement quelques mots du second.

[70] Très probablement ce fut la dame Brunelle, comme tout dans la suite du récit tend à le faire croire, qui donna ces premiers soins à l'assassinée.

[71] D'après certains récits, le coup ne partit pas. D'après d'autres, il partit, et la balle alla se loger dans la corniche du plafond. Dans notre jeunesse nous avons, si nos souvenirs ne nous trompent pas, entendu raconter le fait de cette dernière manière, à Ganges même. Cette version a été adoptée par A. Dumas.

[72] Cette fois nous pouvons nommer la dame Brunelle avec

certitude. En effet, Conrart dit : « Une d'elles qui était enceinte arracha du corps de la dame l'épée du chevalier... Cette même femme fit ensuite une belle action, car l'abbé revenant encore un moment après avec le pistolet à la main pour achever Mme de Ganges, elle se jeta à ses cheveux... » Or, dans ce dernier cas, les anciens récits la désignent expressément. Pourquoi Conrart ne la nomme-t-il pas ? Dans un temps où les protestants étaient exposés à des persécutions de plus en plus cruelles, voulait-il, même dans ses notes particulières, garder un silence prudent ?

73 Qui était ce chirurgien ? Était-il le même que le médecin qui avait fait préparer la repoussante et fort suspecte médecine que la Marquise avait refusé de prendre dans la matinée, avant le crime ? Nous l'ignorons.

74 Nous lisons dans la *Mosaïque du Midi* (p. 93) : « Il était neuf heures du soir lorsque les consuls allèrent offrir leurs services à la Marquise : elle les accepta avec reconnaissance. Ils placèrent une garde autour de la maison du sieur Desprat. » Il s'était donc écoulé plusieurs heures depuis le premier crime.

75 Notons cette réflexion de l'auteur des *Causes célèbres* : « Dans les grands malheurs, je ne sais par quelle fatalité les secours viennent souvent lorsqu'on n'en a plus besoin. »

76 Ce fait très intéressant est rapporté par Mme de Beaumont. Il est bien vraisemblable. Seulement elle se trompe complètement lorsqu'elle attribue les mesures de précaution au magistrat : « Le juge du village, dit-elle, fit armer une vingtaine de paysans qu'il mit en garde à la porte ; » etc. — C'est Conrart qui nous apprend qu'on envoya quérir les seigneurs de Sumène et de Ginestoux.

77 D'après une tradition que nous avons pu recueillir, ils prirent des mules, ce qui est fort probable en effet, vu la nature du pays. Ils durent suivre la vallée de la Vis, affluent de l'Hérault, en passant près du château de Saint-Laurent où ils firent peut-être une halte. Jusque-là le chemin était assez bon. Mais à partir de cet endroit, il faut, pour aller à Soubeyras, laisser le château à droite, ainsi que le village du même nom, et prendre le chemin qui longe la rive droite. Ce dernier était alors étroit, mauvais, accidenté. Il montait ou descendait souvent sur le flanc rocailleux de la Serrane. Aujourd'hui il y a

une bonne route le long de cette vallée étroite et pittoresque de la Vis, sans horizon, mais où le point de vue se modifie, pour ainsi dire, à chaque pas. En bas la rivière qui serpente dans des gorges resserrées, s'élargissant çà et là pour laisser l'espace d'un petit champ. Les eaux vertes, aux riches nuances, mais d'une limpidité remarquable, baignent mollement des rochers souvent couverts de mousse et d'arbustes, et formant en bien des endroits de charmants petits îlots qui s'y reflètent. Parfois elles blanchissent à quelque rapide, puis reprennent leur cours paisible. Au-dessus de la rivière avec ses bords tout verts, avec ses peupliers et ses saules, on voit des pentes rapides et pierreuses, parfois des rochers menaçants qui s'élèvent à pic ou même surplombent. Ces pentes arides, ces rochers et ces pierres d'un gris uniforme auraient un aspect bien triste et sombre, et formeraient un contraste trop rude avec la nature fraîche et riante du fond de la vallée, si des buis toujours verts, mêlés à des chênes, ne venaient donner à ces montagnes sauvages comme un air de fête perpétuelle.

Après avoir parcouru une distance d'environ douze kilomètres, depuis Ganges, on arrive à la ferme (lou Mas) distante du château d'un petit quart d'heure de marche. On voit ce que vaut la *lieue* dont parlent nos auteurs. C'est sur la rive gauche que se trouve cette ferme, ainsi qu'une église champêtre affectée au culte protestant par Napoléon Ier, et un petit cimetière. De là on passe un vieux pont sur la Vis, et par l'antique chemin fort délabré, au pied de la Serrane, on arrive au château de Soubeyras, ruiné à la Révolution, et réparé depuis pour servir de logement aux bestiaux. C'était une ancienne baronnie de Languedoc. Aujourd'hui ces lieux font partie de la commune de *Gorniès*. Dans presque tous les récits, le nom de ce château féodal est défiguré : on y lit *Auberas*, faute que F. d'Urban n'a pas évitée. Il en est qui portent *Aubenas*. Or cette dernière localité se trouve à plus de cent trente kilomètres de Ganges, et dans une direction tout opposée à celle que prirent les meurtriers qui, se gardant bien de s'enfoncer dans les terres, cherchèrent à gagner le littoral, sauf que le Chevalier se cacha à Soubeyras.

[78] Cette scène avait du moins un témoin : « ... selon le témoignage qu'en rendit juridiquement le bayle qui se trouva

présent, » est-il dit dans nos vieux récits. — Or qu'est-ce qu'un *bayle*? F. d'Urban traduit ainsi : « *ou magistrat du lieu.* » Ce terme est traduit par l'abbé de Sauvages (qui l'écrit Bâilë) : « Le Bailli, le Viguier d'un village qui rend la justice aux causes sommaires. »

On peut cependant remarquer que, d'après ce dernier auteur, il a d'autres sens, ainsi celui de *Maître-valet.*

[79] F. d'Urban, d'après l'Officier anonyme, écrit : *Gras de Polaval*, ce qui est une grosse faute. Gayot de Pitaval écrit *Putaval*. C'est le terme languedocien : *grau* (prononcez *graou*), ainsi expliqué par l'abbé de Sauvages : « Ouverture dans la plage pour faire communiquer l'eau de la mer avec celle des étangs et rendre par ce moyen cette dernière saine ou moins malfaisante aux habitants des environs. »

[80] L'auteur du récit primitif est visiblement désireux de ne pas se compromettre, et il prend toutes ses précautions. Il montre les autorités de Ganges fort empressées, il prodigue les éloges à M. de Tressan, il exalte le parlement. Quant aux premières en particulier, nous savons ce qu'il en est : l'illusion est impossible.

[81] Nous lisons dans le *Mémoire* de Mme de Rossan, tel qu'il est dans notre édition des *Causes célèbres* : « On estime qu'il doit y avoir preuve au procès qu'il (le valet de l'abbé) apprit au Marquis l'assassinat. » (*Voir septième présomption.*) F. d'Urban donne un texte différent où cette phrase ne se trouve pas, mais nous recueillons cette précieuse indication : « Ce fut par ce courier (*sic*) que le mari apprit l'état où était sa femme, et ce fut par lui que la nouvelle transpira dans la ville d'Avignon » (p. 138). Quoique les pièces du procès aient disparu, ces témoignages sont bien suffisants pour que nous tenions le fait pour certain.

[82] M. Aragon, pour disculper le Marquis, s'en prend à sa belle-mère qui n'arriva qu'après lui. (Ce fut le lendemain.) Mais l'émissaire de l'abbé s'empressa-t-il de lui communiquer la nouvelle? Connut-elle la gravité de sa situation, elle qui était, pour ainsi dire, accoutumée à apprendre que sa fille avait beaucoup à souffrir à Ganges ? Quelques personnes la précédèrent un peu : n'avaient-elles pas été averties avant elle ? Quelque circonstance inconnue ne l'a-t-elle pas retardée ?

[83] D'après la *Mosaïque du Midi*, ce fut un capucin. Leur

couvent se trouvait sur la route de Montpellier. Il y a aujourd'hui des religieuses tenant une pension de jeunes filles. Il y avait aussi à Ganges des Cordeliers. Leur église a servi au culte protestant depuis Napoléon Ier. Vers 1848, elle fut démolie et remplacée par un temple monumental du genre arménien.

84 C'est, pensons-nous, ce à quoi fait allusion l'auteur des *Causes célèbres*, qui, racontant cette aimable réception du Marquis par sa femme, dit : « Tout le monde admira la bonté de cœur de la Marquise ; on voyait même que la religion n'en avait pas tout l'honneur. »

85 « Il a bu et mangé pendant quatre jours avec *Perrette*. C'est avec lui, qu'enfermé tête-à-tête dans le château de Ganges, il passait les soirées qui, depuis son arrivée, ont précédé la mort de son épouse, et cependant il a avoué, dans ses interrogatoires, que ce même *Perrette* était notoirement complice de cet assassinat. » (*Mémoire* de Mme de Rossan. Voir F. d'Urban, p. 143.)

86 « Quand il vint, la mère de la Marquise qui le regardait avec quelque raison, comme complice du crime de ses frères, ne voulait pas permettre qu'il entrât dans la chambre de la mourante. » (Mme Leprince de Beaumont, ouv. cité, p. 37.)

87 M. Aragon, bouleversant l'ordre chronologique, comme cela lui arrive assez souvent, ne mentionne ce fait qu'après avoir raconté l'arrivée de M. de Catelan, et même la mort de la Marquise. Encore le fait-il en supprimant, comme ailleurs, des particularités importantes, et en se contentant de cette simple allusion (p. 56) : « Peu de temps avant d'expirer, elle avait demandé et reçu les derniers sacrements.... »

88 Dans les *Causes célèbres*, on vante la diligence, l'intégrité, les lumières de ce magistrat. Il était l'auteur d'un recueil d'arrêts du parlement de Toulouse, en 2 tomes, in-4°. Son père était doyen du parlement, son frère était président en la première, un neveu conseiller en la seconde, un autre en la troisième. D'ailleurs, dit-on, il a rempli dignement l'office de conseiller depuis l'année 1644 jusqu'en 1700. Il est mort âgé de 82 ans.

89 Voir sur ce point et sur les autres que nous toucherons, le *Procès-verbal des interrogatoires de M. de Catelan*, dans F. d'Urban, p. 261 et s. Nous croyons inutile de citer ces

pièces importantes toutes les fois que nous y aurons recours.

90 Voici deux pièces importantes et inédites tirées des archives de la Mairie de Ganges. D'abord un extrait des *Comptes des Consuls* de Ganges : *Compte d'administration de Isaac Tartairon consul* en l'année 1667, p. 18 :

« Monsieur de Catelan conseilier en la cour du « parlement de Tholoze ayant esté depputté pour la « procedure au subject de lafferre de madame la « marquise de Ganges — des qu'il fust arrivé il « manda cercher le comptable et lui fist de tres ex- « presses injonctions de se tenir aupres de sa per- « sonne de lui prester ayde et main-forte et obeir a « tout ce qu'il lui ordonneroit a paine de la vie, de « continuer les gardes qu'il avoit desja mies pour « la sureté de lad(ite) dame etles renforcer sil estoit « necessaire sy que pour ne se rendre pas refrac- « taire à ses ordres il fust obligé dobeir atout ce « quil luy ordonna et de paier des despances quy fu- « rent faictes tant pour lexecuon *(sic)* de ses ordon- « nances verbales que pour la guarde et sureté de ma « dicte dame dequoy led(it) sieur consul auroit tenu « comte quy fust clods et arresté le seiziesme sep- « tambre mil six cent soixante sept par les consei- « liers politiques ce montant la somme de deux cents « vingt deux livres ainsin quapert du dict compte « signé des ditz depputtes et de monsieur Gervais « juge cy cottée n° 6.»

Et parce cy II^c XXII^l

Chose étrange ! ce triple assassinat commis dans les circonstances les plus atroces, est rappelé d'une manière fort dégagée par ces simples mots : *l'affaire de madame la marquise.* Le consul semble vouloir s'excuser d'avoir obéi au commissaire du parlement. Il montre qu'il aurait été exposé même à la peine capitale, et qu'ainsi il a dû faire toutes ces dépenses dont sans doute le conseil se serait bien passé. Il paraît certain que ce corps ne s'était pas rendu compte de ses devoirs et n'avait pas su les accomplir.

Dans une délibération du 20 juin 1667, nous lisons :

«... Plus a este propoze par les susdits sieurs Con- « suls que Anthoine Rieusset auroit este comis pen-

« **dant la maladie de Madame la Marquize, de garder**
« **la porte du sieur Desprats ou elle estoit pour lors**
« **malade, de deputer quelques habitans pour arres-**
« **ter le comte dudit Rieusset, comme aussi pour le**
« **louage de la mule du cappne Boudon quy feust**
« **baillee a ung des hommes de M. le comre (commis-**
« **saire) pendant quatre journées ensamble pour ung**
« **messager envoye a Dusfort.**

« **A este deslibere que ledit sieur Peyraube et**
« **Astruc seront pries darrester les susdits comtes.** »

Nous ignorons si l'envoi d'un messager à Durfort se rattache à notre lugubre *affaire*.

91 Voici des paroles que l'écrivain de la *Mosaïque du Midi* met dans la bouche de la Marquise : « Vous voulez connaître mes assassins, s'écria la Marquise dans un accès de délire,... mes assassins, les voilà... Voyez-vous le Chevalier qui s'avance vers moi l'épée nue... Protégez-moi, monsieur de Catelan, le Chevalier veut me tuer. Et l'Abbé de Ganges, le voyez-vous, ce monstre, qui porte un breuvage empoisonné. Je suis perdue ! ayez pitié de moi, M. l'Abbé ! Je frémis d'horreur en pensant que je vais mourir ! Grâce M. l'Abbé ! ce breuvage a brûlé mes lèvres et mes entrailles ! Je souffre tous les tourmens de l'enfer ! Impitoyables beaux-frères ! monstres ! et la justice est impuissante à me défendre.

— Non, madame, répondit M. de Catelan qui tremblait de tous ses membres,.... elle n'est pas impuissante ! elle vous vengera.

Les paroles du magistrat calmèrent l'effervescence fébrile de madame la Marquise de Ganges qui recouvra la raison, redevint calme, et raconta à M. de Catalan les scènes atroces de l'empoisonnement. »

92 Les *Mémoires* des avocats romains Rottini et Pompon de Vecchis rapportent les mêmes faits. Probablement ils ont eu les procès-verbaux de Catelan sous les yeux, et ils ne font guère que les résumer. Nous pensons qu'il n'est pas besoin de leur emprunter des citations.

93 F. d'Urban parle comme s'il n'y avait eu qu'un entretien avec Catelan. Cependant il donne les procès-verbaux de l'un et de l'autre, et il permet ainsi de rectifier ou de compléter son récit.

[94] « Gayot de Pitaval, p.300, dit le 7, et se trompe. Pâques tombait au 7 avril en 1667, suivant l'ancien calendrier, le seul que suivissent les protestants qui dominaient alors à Ganges. C'est ce que nous apprend l'art de vérifier les dates : ainsi le 5 mai était un dimanche. Les souffrances de madame de Ganges ne durèrent d'ailleurs que dix-neuf jours, ainsi qu'on le verra ci-après : elles en auraient duré vingt-un du 17 mai au 7 juin. » (F. d'Urban, p. 108.)

[95] « Il n'oublia rien pour éclairer parfaitement sa religion sur le crime horrible dont la justice demandait vengeance, » est-il dit dans les *Causes célèbres.*

[96] Les anciens récits parlent de « la violence du poison qu'une lionne aurait eu peine à supporter l'espace de quelques heures. »

[97] Cette église de Notre-Dame des-Sept-Douleurs appartenait aux Augustins, comme nous avons vu. Elle est de nos jours le noviciat des Frères des Ecoles chrétiennes. Ainsi sont dans l'erreur ceux qui font transporter la Marquise mourante à Montpellier où elle aurait été ensevelie, tout comme ceux qui disent qu'elle l'a été à Ganges.

NOTES ADDITIONNELLES

I. **Sur les Etats**. — Il est assez souvent question des Etats de Languedoc auxquels se rendait le Marquis. Là se réunissaient la noblesse et le clergé pour traiter des affaires de la Province. Il y avait aussi des représentants du tiers-état. — Nous ne pouvons donner de renseignements précis sur ce qui se passa dans ces assemblées. Mme de Sévigné nous dépeint celles de Bretagne en 1671. Avec son gracieux et vigoureux talent, elle résume à merveille les décisions prises. Elle fait de piquantes révélations sur ces Etats dont elle nous montre si bien la physionomie. On ne sera pas fâché de retrouver ici quelques extraits de ses lettres.

« Les Etats ne doivent pas être longs ; il n'y à qu'à de-

« mander ce que veut le Roi ; on ne dit pas un mot : voilà qui « est fait. Pour le gouverneur, il trouve, je ne sais pas com- « ment, plus de quarante mille écus qui lui reviennent. Une « infinité de présens, de pensions, des réparations de che- « mins et de villes, quinze ou vingt grandes tables, un jeu « continuel, des bals éternels, des comédies trois fois la se- « maine, une grande braverie : voilà les Etats. J'oublie trois « ou quatre cents pipes de vin qu'on y boit : mais si je ne « comptois pas cet article, les autres ne l'oublient pas, et c'est « le premier. » (Let. du 5 août 1671.)

« Notre présent est déjà fait, il y a plus de huit jours : on « a demandé trois millions ; nous avons offert sans chicaner « deux millions cinq cents mille livres, et voilà qui est fait. « Du reste, M. le gouverneur aura cinquante mille écus, M. de « Lavardin quatre-vingt mille francs, le reste des officiers à « proportion ; le tout pour deux ans. Il faut croire qu'il passe « autant de vin dans le corps de nos Bretons, que d'eau sous « les ponts, puisque c'est là-dessus qu'on prend l'infinité d'ar- « gent qui se donne à tous les Etats. » (Let. du 12 août 1672.)

« Toute la Bretagne était ivre ce jour-là ; nous avions dîné « à part. Quarante gentilshommes avoient dîné en bas et « avaient bu chacun quarante santés : celle du Roi avoit été « la première, et ensuite tous les verres cassés ; le prétexte « était une joie et une reconnoissanc extrême de cent mille « écus que le roi a donnés à la Province sur le présent qu'on « lui a fait, voulant récompenser, par cet effet de sa libéralité, « la bonne grâce qu'on a eue à lui obéir. Ce n'est donc plus « que deux millions deux cents mille livres, au lieu de cinq « cents. Le Roi a écrit de sa propre main des bontés infinies « pour sa bonne Province de Bretagne : le gouverneur a lu la « lettre aux Etats, et la copie en a été enregistrée ; il s'est « élevé jusqu'au ciel un cri de *vive le Roi*, et tout de suite on « s'est mis à boire, mais boire, Dieu sait. » (Let. du 19 août 1671.)

« Le contrat de notre bonne Province avec le Roi fut signé « vendredi ; mais auparavant on donna deux mille louis d'or « à Madame de Chaulnes, et beaucoup d'autres présens : ce « n'est pas que nous soyons riches, mais c'est que nous avons « du courage, c'est que nous sommes honnêtes, et qu'entre

« midi et une heure nous ne savons pas refuser nos amis ; « c'est l'heure du berger : vos vapeurs de vos fleurs d'oran- « ges ne font pas de si bons effets. » (Let. du 30 août 1671.)

« Les Etats finirent à minuit ; j'y fus avec Mme de Chaulnes « et d'autres femmes ; c'est une très-belle, très-grande et très- « magnifique assemblée. M. de Chaulnes a parlé à *tutti quanti* « avec beaucoup de dignité, et en termes fort convenables à ce « qu'il avait à dire. Après dîner, chacun s'en va de son côté. » (Let. du 6 septembre 1671.)

Si nous avions les lettres de Mme de Grignan, malheureument détruites par motif déplacé de dévotion, paraît-il, nous aurions sans doute un autre tableau fort intéressant des Etats de la Provence où son mari était gouverneur. Toutefois nous saisissons comme au passage quelques traits bien instructifs dans la correspondance de la mère. Les Provençaux ne se montraient pas aussi dociles que les Bretons. Aussi le Roi s'irritait contre eux et en venait à des mesures de rigueur. M. de Grignan faisait tous ses efforts « pour faire réussir l'af- « faire de Sa Majesté....... Nous avions appris, dit Mme de « Sévigné,... le dessein qu'on avoit d'envoyer un ordre pour « séparer l'assemblée, et de faire sentir en quelque autre oc- « casion ce que c'est de ne pas obéir. » (Let. de Noël, 1671.) Cette dame multiplie ses démarches et négocie activement : « Il faut tâcher (écrit-elle le 2 janv. 1672), d'adoucir les ordres « rigoureux, en faisant voir que ce seroit ôter à M. de Gri- « gnan le moyen de servir le Roi, que de le rendre odieux à la « Province, et quand on seroit obligé d'envoyer les ordres, il « y a des gens sages qui disent qu'il en faudroit suspendre « l'exécution jusqu'à la réponse de Sa Majesté, à laquelle M. « de Grignan écriroit une lettre d'un homme qui est sur les « lieux, et qui voit que, pour le bien de son service, il faut « tâcher d'obtenir un pardon de sa bonté pour cette fois..... « Voilà l'Archevêque de Rheims..... qui m'assure encore « que le Roi est très content de votre mari ; qu'il reçoit le « présent de votre Province ; mais que, pour n'avoir pas été « obéi ponctuellement, il envoie des lettres de cachet pour « exiler des Consuls : on ne peut en dire davantage par la « poste. »

Les rigueurs exercées en Provence semblent avoir assoupli pour longtemps les esprits et ôté toute envie de résister à l'autorité royale. D'un autre côté les Etats de Bretagne se montrèrent plus tard beaucoup moins dociles ou moins unis. C'est ce que nous fait comprendre un passage excessivement laconique de notre auteur : « Il y a bien du bruit à nos Etats de « Bretagne ; vous êtes bien plus sages que nous. » (Let. du 15 décembre 1673). Toutefois cela dura peu. On y mit ordre « sans doute avec d'écrasants édits. « On a révoqué, dit plus « tard Mme de Sévigné, tous les édits qui nous étrangloient « dans notre Province : le jour que M. de Chaulnes le dit « aux Etats, ce fut un cri de *vive le Roi* qui fit pleurer tout « le monde ; chacun s'embrassoit, on étoit hors de soi : on « ordonna un *Te Deum*, des feux de joie et des remerciements « publics à M. de Chaulnes : mais savez-vous ce que nous « donnons au Roi pour témoigner notre reconnaissance ? « Deux millions six cents mille livres, et autant pour le don « gratuit ; c'est justement cinq millions deux cents mille « livres : que dites-vous de cette petite somme ? Vous pouvez « juger par là de la grâce qu'on nous a faite de nous ôter les « édits. » (Let. du 1er janv. 1674.)

II. **Sur l'entrée de Mme la Marquise à Ganges.** — Pendant l'impression de cet ouvrage, nous avons trouvé de nouvelles pièces inédites aux archives de Ganges. Ce sont « Doutze receus et quittances faitz par les « créanciers (?) de la Jeunesse des sommes que la commu- « nauté a trouve bon de payer pour Sr Pierre Brunet cy-de- « vant consul..... les consulz modernes. » Il serait fort inutile de les reproduire toutes, car elles ne nous apprennent rien de particulier, si ce n'est que la petite ville fit beaucoup de dépenses pour cette réception. Citons seulement ces trois dont les dernières nous font penser que les nouveaux époux firent leur entrée à Ganges le soir, ou la nuit, à la clarté des flambeaux.

« Nous soubnes confessons debvoir a ... Nourat que nous avons despance pour la Junesse quant Madame la marquize arriva la somme de vingt-cinq livres que promettons lui payer des palottes ou le faire payer et cest pour despance que nous avons faict dans son logis. Faict à Ganges ce 20e aoust mil six cent cinquante huict.

CAZELLES. E. ARNAUD.

« Je...... de Ganges soub^ne^ ay receu de Mr le consul Brunet la somme de trois livres huict sols. Et cest pr mesme some de ..... qui mestoit deub. pr de flambeaux que je avois fourny à la junesse de ceste ville alentree du mariage de Mr le Marquis de Gange dont (?) dites trois livres huict sols jacquitte ledit consul. Ensemble la comté (communauté). Fait à Ganges ce vingt (?) xbre (décembre) mil six cent soixante.

(*Signature illisible*).

« Je soubsine confesse davoir ressu la somme de quatre livres que me devet la gusnesse pour flanbleax [mot difficile à lire, mais qui ne peut être que *flambeaux*;] fourny lorsque Monsieur le Marquis antra et ressu promesse de Monsieur Brunet consul.

Fait a Ganges ce 12e ganvier 1661.

AL'GNION.

III. **Un récent article sur la Marquise de Ganges.** — On nous a signalé dans la *Nouvelle Revue* un article sur notre sujet, dû à la plume d'un homme occupant une haute position dans la magistrature, et signant *J. de Glouvet*. On peut penser avec quelle curiosité nous avons fait venir le numéro (*Nouv. Revue*, 15 mars 1884), où est insérée cette « Histoire de la Marquise de Ganges, appuyée sur de nombreux documents, » à ce qu'on nous écrivait. Grande a été notre déception ! Au lieu d'une étude approfondie d'histoire, d'une œuvre de patiente érudition, nous avons trouvé là un simple feuilleton sans aucune valeur scientifique, où les erreurs abondent. Ainsi la Marquise est appelée *Jeanne* ; M. de Ganges est appelé *Lanide* ; il a le titre de Marquis à son mariage ; son château est à quelque distance du village (du bourg) de Ganges ; ses frères s'en vont errer par le monde ; ils se réfugient à *Auberas*. Nous pourrions en citer d'autres. Le portrait de la Marquise, au moral, n'est pas réussi : elle n'est guère capable de s'émouvoir, elle est peu expansive, peu parleuse, sans enjouement, repliée sur elle-même. La complexion froide et la paresse de son esprit lui donnent toutes les apparences de l'insensibilité ; elle est indolente à l'excès. Pourtant notre écrivain ne s'est pas constamment égaré. Il a su, pour ce qui est essentiel, lui rendre justice, et marquer exactement quelques traits de son caractère. Il reconnaît qu'elle était « suffisamment perspicace et toujours portée à l'indulgence,... vertueuse sans se montrer prude ». Quand elle fut veuve, elle vécut « sans que la malignité trouvât l'occasion favorable d'attenter à sa réputation. On peut dire d'elle que ce fut une colombe parmi les linottes et les faucons » (p. 353).

Le portrait du mari est, en somme, plus ressemblant. Voici une observation que nous croyons juste et que nous avions faite en d'autres termes : « Ce mari chagrin, dont l'esprit était mince, se sentait humilié de la supériorité reconnue de Madame, et ne lui pardonnait pas d'être au logis de plus petite étoffe, étant le maître. Joignez-y qu'il était jaloux sans raison, prêt à prendre ombrage des privautés les plus innocentes... »

IV. **Viane** fut, avons-nous dit, (p. 164), le lieu où se réfugia l'Abbé de Ganges, poursuivi par ses atroces souvenirs, bourrelé de remords. A ce sujet on nous écrit : « Ne serait-ce pas *Vianen*, en Hollande, et ne faudrait-il pas lire *le comte de Lippe*, au lieu de *la Lippe*, nom étrange en français et en hollandais ? » Nous avions écrit *le comte de la Lippe*, le mot *de* a été omis à l'impression, par mégarde. Nous avons reproduit l'orthographe de nos auteurs, sans nous demander si elle était la plus correcte. Cette localité se trouve bien en Hollande. Le comte de la Lippe, Simon-Henri, en était alors souverain. Ses descendants ont depuis rendu cette ville de Vianen aux États de Hollande.

V. La famille **de la Tude de Vissec** avait depuis peu de temps fait souche à Ganges. Un auteur, nous l'avons vu (p. 187), fait mourir la Marquise dans l'hôtel de Vissec de Ganges, à Montpellier. M. Aragon transcrit ainsi : *Vissec de la Prade*. Cette dernière famille dont le nom est, paraît-il, *Vissecq*, n'a rien de commun avec les seigneurs de Ganges. D'après la note d'un érudit, elle appartient à la bourgeoisie. Nous ignorons si le bel hôtel qu'elle occupe sur la nouvelle rue qui va au Peyrou, a jamais appartenu à ces derniers.

VI. **La complainte sur la Marquise**, dont nous avons parlé, est en grande partie perdue. Elle racontait les faits, et, d'après des traces laissées dans les souvenirs, nous avons constaté qu'elle confirmait notre récit. Il n'en reste qu'un préambule tellement mauvais littérairement, et extravagant, que nous n'osons le reproduire. Citons pourtant ceci qui prouve que, dans la croyance populaire, si le roi avait abusé d'elle, elle n'avait succombé qu'à contre-cœur et comme forcée, ainsi qu'elle disait. Du reste, ne l'oublions pas, elle n'était guère alors qu'une enfant.

Si le roi la prend par la main,
La mène dans sa chambre.
Mais la Marquise en pleurant,
Elle se fond en larmes.

Marquise ne pleurez pas tant.
Je te ferai princesse.
De tout mon or et de tout mon argent
Tu en seràs maitresse.

Ni de ton or ni de ton argent
Je ne me soucie guère.
J'aimerais mieux mon cher Marquis
Que toutes vos richesses.

Ce témoignage a sa valeur. C'est un hommage spontané au caractère de cette infortunée et à la noblesse de ses sentiments. On voyait en elle une victime, non une complice du roi.

FIN.

TABLE DES MATIÈRES

FIN DE LA TABLE DES MATIÈRES.

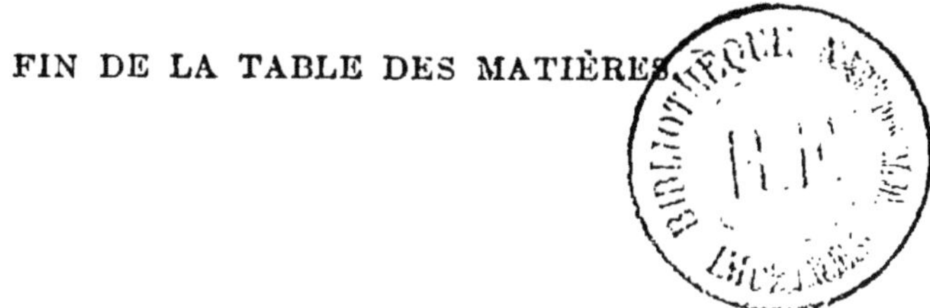

Laval. — Imp. et stér. E. Jamin.

www.ingramcontent.com/pod-product-compliance
Ingram Content Group UK Ltd.
Pitfield, Milton Keynes, MK11 3LW, UK
UKHW022042190726
13855UKWH00002B/389